彩虹伞

（第 8、第 18 周使用）

彩虹绳

（第 9、第 19 周使用）

老鼠手偶

（第 11 周使用）

小猫手偶

（第 11 周使用）

亲子游戏

灯台

（第 11 周使用）

自制台阶

（第 11 周使用）

腕铃

（第 11、第 15 周使用）

小桶

（第 11 周使用）

相识问好

铃鼓

（第 9—11 周使用）

西瓜球

（第 12—14 周使用）

能发声的不倒翁玩偶

（第 15—17 周使用）

亲子游戏

呼啦圈

（第 2 周使用）

板刷、颜料

（第 2、第 7 周使用）

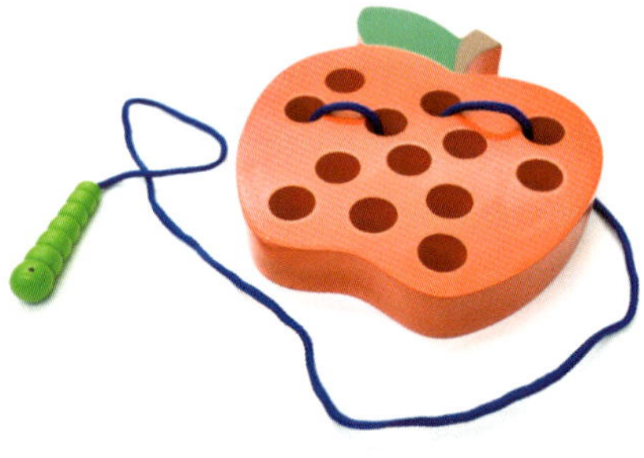

毛毛虫吃苹果教具

（第 3 周使用）

小鼓

（第 4 周使用）

撞钟

（第 4 周使用）

木偶剧台

（第 5、第 10 周使用）

手铃

（第 6 周使用）

彩色圆盘

（第 6 周使用）

小筐

（第 6 周使用）

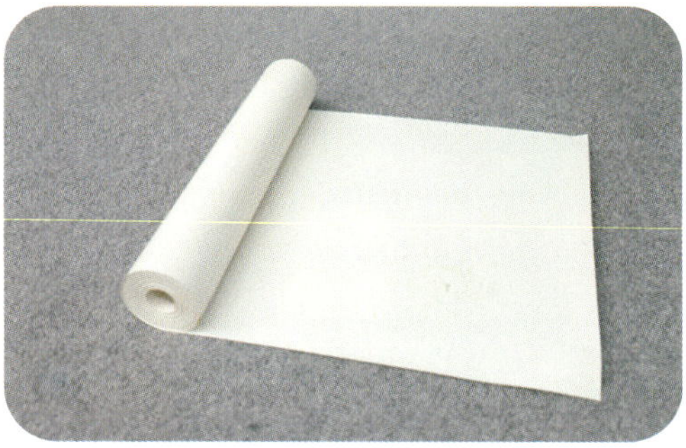

卷轴纸

（第 7 周使用）

沙锤

（第 8 周使用）

四铃板镲

（第 8 周使用）

滚珠画材料

（第 12 周使用）

西瓜球

（第 12 周使用）

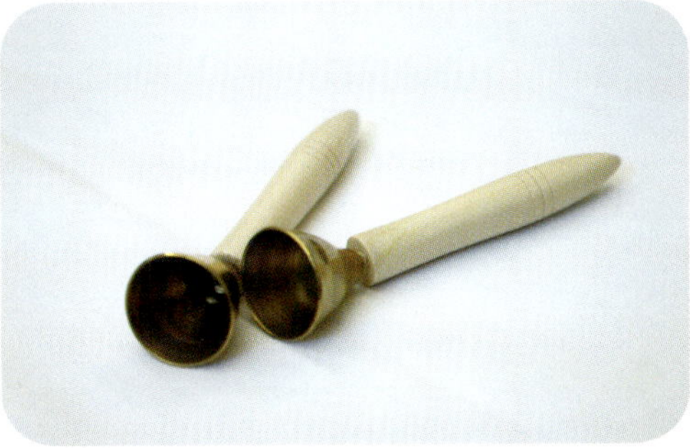

撞钟

（第 13 周使用）

神秘袋

（第 16 周使用）

汽车模型

（第 17 周使用）

雪花片

（第 18 周使用）

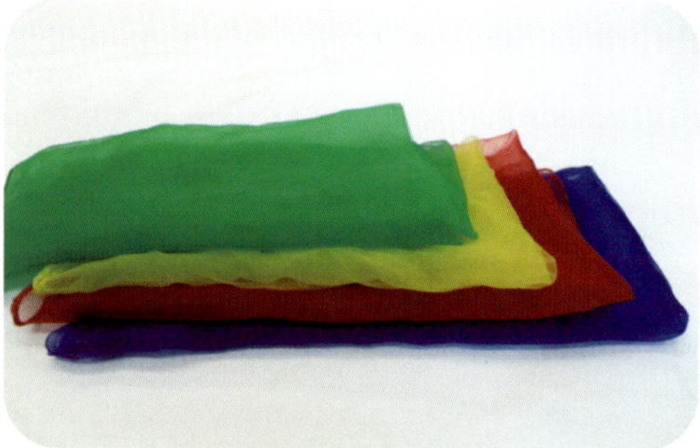

彩色纱巾

（第 18 周使用）

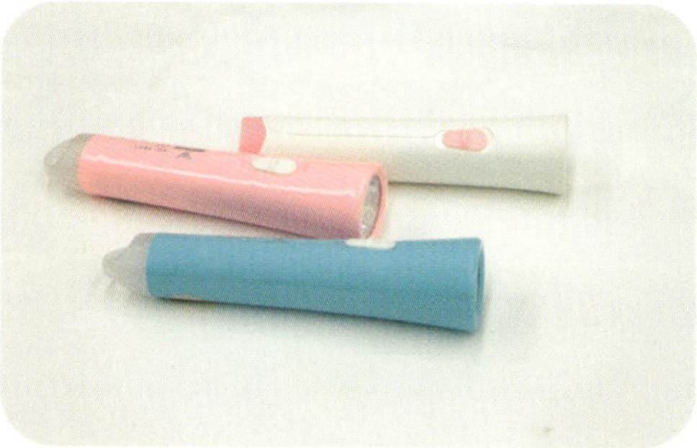

手电筒

（第 19 周使用）

毛绒玩具（毛毛虫）

（第 20 周使用）

毛绒玩具（长颈鹿）

（第 20 周使用）

毛绒玩具（袋鼠）

（第 20 周使用）

彩带飞盘

（第 20 周使用）

运动时光

平衡步道

（第 1、第 4、第 16、第 17 周使用）

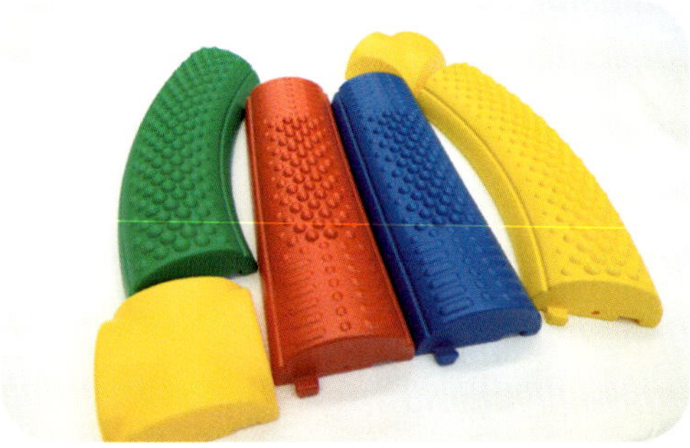

平衡触觉板

（第 1 周使用）

过河石

（第 1、第 2、第 10、第 15、第 17 周使用）

步行运动组合

（第 2、第 13、第 14、第 16 周使用）

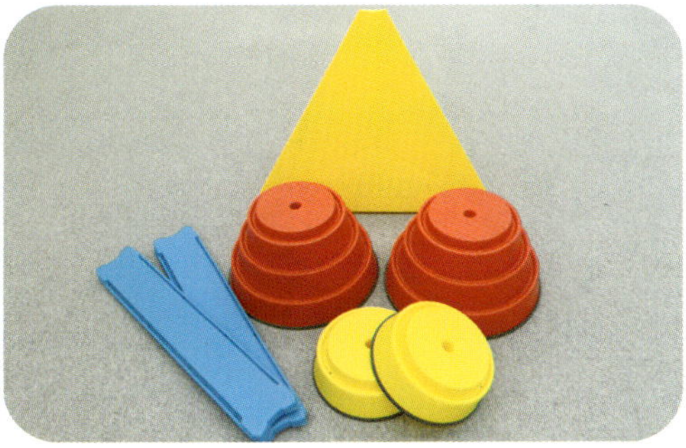

建构平衡木

（第 2 周使用）

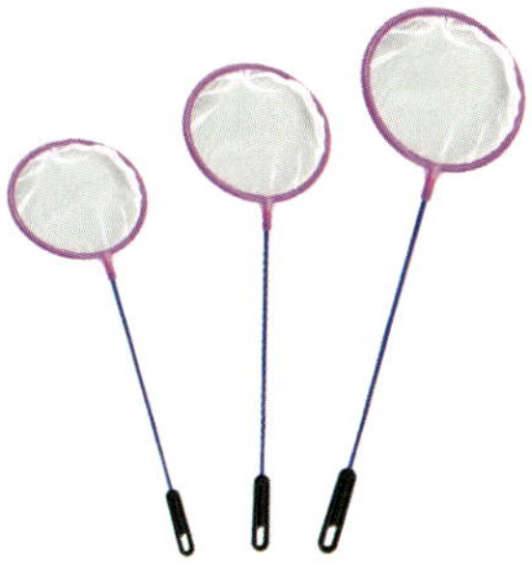

鱼抄

（第 3 周使用）

海洋球

（第 3、第 10 周使用）

海洋球筐

（第 3 周使用）

运动时光

彩虹接龙

（第 4、第 12 周使用）

大龙球

（第 5、第 6 周使用）

软垫

（第 5、第 6、第 9、第 11、第 12、第 13、第 14 周使用）

玩具娃娃

（第 7 周使用）

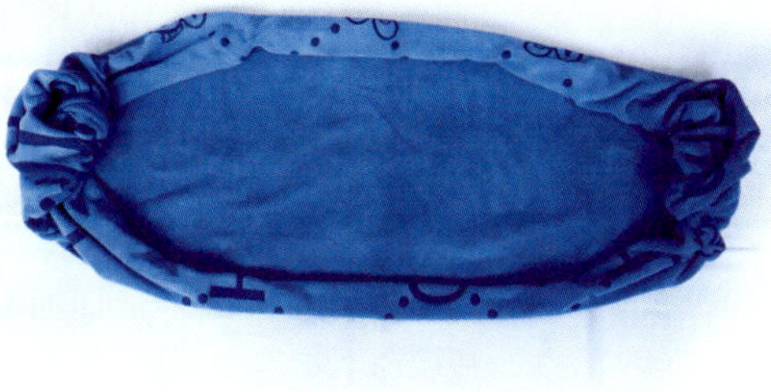

自制布袋

（第 7 周使用）

彩虹伞

（第 8 周使用）

万象组合

（第 9、第 10 周使用）

拱形门

（第 9、第 10 周使用）

运动时光

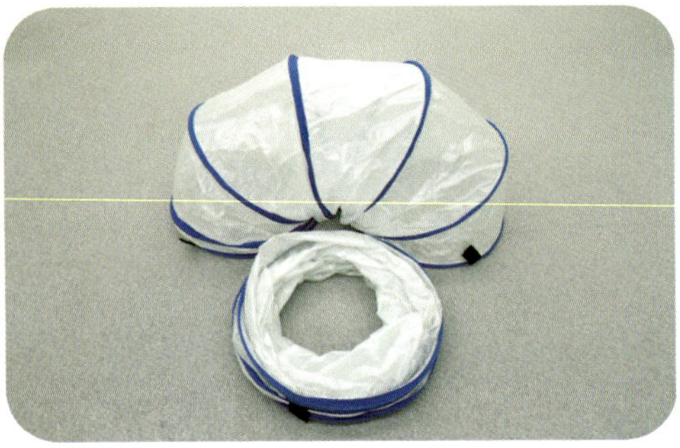

阳光隧道

（第 10、第 14 周使用）

圆墩子

（第 9 周使用）

感统平衡木

（第 10 周使用）

小鱼玩偶

（第 13 周使用）

圆形门

（第 14 周使用）

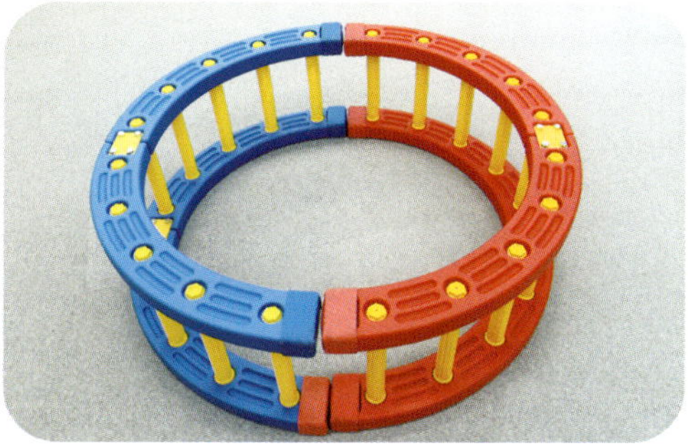

二分之一摇滚圈

（第 15 周使用）

波浪平衡板

（第 16 周使用）

软质积木

（第 18 周使用）

运动时光

呼啦圈

（第 19 周使用）

仿真鸡蛋

（第 19 周使用）

北京师范大学实验幼儿园
早期教育课程方案·亲子课程

19—24个月

北京师范大学实验幼儿园◎主编

北京师范大学出版集团
BEIJING NORMAL UNIVERSITY PUBLISHING GROUP
北京师范大学出版社

图书在版编目（CIP）数据

北京师范大学实验幼儿园早期教育课程方案·亲子课程．19—24个月／北京师范大学实验幼儿园主编．—北京：北京师范大学出版社，2022.6（2024.1重印）
（0—3岁托育课程资源）
ISBN 978-7-303-27472-7

Ⅰ．①北… Ⅱ．①北… Ⅲ．①学前教育－教学参考资料 Ⅳ．①G613

中国版本图书馆CIP数据核字（2021）第241099号

官方客服电话 010-58806806
营销中心电话 010-58801759

BEIJING SHIFAN DAXUE SHIYAN YOU'ERYUAN ZAOQI JIAOYU KECHENG FANG'AN · QINZI KECHENG. 19—24 GE YUE
出版发行：北京师范大学出版社 www. bnupg. com
北京市西城区新街口外大街12-3号
邮政编码：100088
印 刷：北京同文印刷有限责任公司
经 销：全国新华书店
开 本：787mm×1092mm 1/16
印 张：12.25
插 页：8
字 数：214千字
版 次：2022年6月第1版
印 次：2024年1月第2次印刷
定 价：35.00元

策划编辑：郭 放 郭思达　　责任编辑：马力敏 梁民华
美术编辑：袁 麟　　装帧设计：李尘工作室 思梵星尚
责任校对：康 悦　　责任印制：乔 宇

编 委 会

序 言

玉兰童子面，紫藤映红颜。忆昔承蒙养，展望新百年。

2022年4月16日，北京师范大学实验幼儿园（以下简称“北师大实验幼儿园”）已经走过了107个春秋。岁经百年，我园始终践行“以儿童为本”的教育理念，教养蒙童，哺幼开新，铢积寸累，蓬勃发展。在国家对学前教育发展高度重视的背景下，我园也致力于为促进学前教育的优质、均衡发展不断贡献力量：一方面，最大程度地为全国幼教同行提供各种学习与培训的机会，特别重视对祖国边远地区、革命老区的支教帮扶；另一方面，陆续将记录幼儿园多年集体智慧的文字结集出版，包括《以儿童为本的教育研究与实践》《爱在小小舌尖：幼儿园营养美食》《幼儿发展性评价手册》和“幼儿园管理与教师培养丛书”等书籍，为同行提高办园质量提供经验与参考。

实现“幼有所育”是万千家庭的企盼。近年来，国家对3岁以下婴幼儿照护服务事业的发展日益重视。2010年7月颁布的《国家中长期教育改革和发展规划纲要（2010—2020年）》将学前教育单列一章，提出“重视0至3岁婴幼儿教育”。2017年12月召开的中央经济工作会议强调，“要针对人民群众关心的问题精准施策”“解决好婴幼儿照护和儿童早期教育服务问题”。2019年3月，“加快发展多种形式的婴幼儿照护服务，支持社会力量兴办托育服务机构”被写进政府工作报告。2019年5月，国务院办公厅正式发布的《关于促进3岁以下婴幼儿照护服务发展的指导意见》中提出“婴幼儿照护”的概念，明确了到2025年，“婴幼儿照护服务的政策法规体系和标准规范体系基本健全，多元化、多样化、覆盖城乡的婴幼儿照护服务体系基本形成，婴幼儿照护服务水平明显提升，人民群众的婴幼儿照护服务需求得到进一步满足”的发展目标。2020年10

月，中共十九届五中全会审议通过的《中共中央关于制定国民经济和社会发展第十四个五年规划和二〇三五年远景目标的建议》提出，“实施积极应对人口老龄化国家战略”“发展普惠托育服务体系”。一系列政策举措的出台为托育事业的发展奠定了基础，也掀起了托育教育的新高潮。

人生百年，立于幼学，蒙以养正，是为圣功。追溯我园0—3岁婴幼儿早期教育开展的历史，早在20世纪50年代，我园就开始招收56天至3岁的婴幼儿，在乳儿和婴儿的护理、保育、运动指导等方面积累了丰富的实践经验，为后续的婴幼儿早期教育实践奠定了基础。1985年，我园自主编写的《托儿所实用教材优秀教案汇编》包含了具体到每个月的婴幼儿教养特点及教育活动集锦，直至现在仍对我园0—3岁婴幼儿教育的开展发挥着作用。20世纪90年代，伴随着社会经济体制改革，幼儿园不再接收2岁以下的婴幼儿入托，但一直保留着适合2—3岁幼儿的全日托班。进入21世纪，为满足社会对优质教育资源的需求，我园积极响应北京市教育委员会关于“以幼儿园为依托的社区儿童早期教育基地建设工程”的号召，于2004年起陆续在校本部园、牡丹分园、奥林分园、望京分园创办了适合3岁以下婴幼儿的亲子班，并为3岁以下婴幼儿的家长开设专家讲座、举办家长沙龙、开展“亲子教育”宣传日活动。2005年9月，时任英国首相布莱尔的夫人亲自参加了北师大实验幼儿园中英早教基地挂牌仪式并剪彩。2011年，由于入托幼儿数量增加，幼儿园将适合2—3岁幼儿的全日托班改为半日制，一直延续至今。同年9月，幼儿园成立了融合3岁以下早教活动、亲子图书馆、家长学校等项目的早期教育实践基地，为周边社区家庭带来了科学的育儿指导和欢乐时光。

历经百年积淀，我园始终坚守“以儿童为本”的教育理念，在0—3岁早期教育管理、课程开发、师资培训、家教指导等方面积累了丰富的实践经验，形成了具有中国特色、管理规范、质量优良的早期教育服务体系，是北京市首批示范幼儿园之一、市区级早教示范基地，是代表北京最高办园水平的十佳幼儿园之一，更是众多家长首选的教育品牌。

每一个孩子都是家庭的希望，孩子生命最初的几年是其一生中大脑发育最为迅速的阶段。在这一关键时期，孩子需要有良好的亲子关系、科学的家庭养育及适宜的教育启蒙。“北京师范大学实验幼儿园早期教育课程方案”丛书是北师大实验幼儿园多年关于0—3岁婴幼儿早期教育实践智慧的结晶，我们希望能与广大早期教育工作者分享，并为0—3岁婴幼儿早期教育机构照护者及家长进行教育实践提供一定的参考和借鉴。

感谢在北师大实验幼儿园早期教育历史上做出贡献的前辈们，他们为我们留下了宝贵的财富；感谢参与编写的一线教师们，他们为课程提供了创意并付出了努力；也感谢北京师范大学出版集团对丛书的出版给予的大力支持。由于能力所限，书中难免存在不足之处，敬请读者提出宝贵意见。同时，这套丛书也是我们为庆祝北京师范大学120周年华诞和北师大实验幼儿园建园107周年献出的一份礼物。

黄　珊

2022年4月

于北京师范大学实验幼儿园

总 论

0—3岁是婴幼儿大脑发育的关键期，高质量的早期教育支持有利于促进婴幼儿身心健康发展，对其后续成长具有极其深远的影响。北师大实验幼儿园始终坚守“以儿童为本”的教育理念，基于对婴幼儿脑发育理论的研究，准确把握婴幼儿的年龄特点，以“培养健康乐观（乐）、善良有爱（爱）、文明礼貌（礼）、好奇智慧（智）、诚信立美（美）的儿童”为课程总目标，坚持创设丰富的环境，以科学适宜的早期教育活动保障婴幼儿的身心健康，促进其全面发展。

一、课程理念

（一）营造“以儿童为本”的教育氛围

儿童是永恒的求知者，他们从周围环境中吸收各种信息，并在与环境的互动过程中获得发展。良好的成长氛围、有爱的育人环境，对儿童成长的价值毋庸置疑。无论是物质环境的创建，还是精神环境——“家”氛围的营造，我们都应当将儿童居于中心地位。

环境是教育的场所，更是教育的载体。安全、整洁、温馨、和谐是环境创设的基本原则。环境中应该配有适合婴幼儿年龄特点、与其身材大小成比例、能激发其探索兴趣的各类玩具材料。这些材料要有美感，在视觉上要和谐，还要能吸引婴幼儿，使他们乐意去触摸、去自由挑选，让他们自主参与并乐在其中。

早期教育的场所应该是充满自由、爱和快乐的。要想营造这种氛围，家长和教师都应该尊重婴幼儿个体的差异性和多样性，创设自由、轻松的心理氛围，给予婴幼儿充分的自主选择权，不打扰他们专注于操作的活动，帮助他们快乐地、全身心地投入有意义的活动之中，实现最佳发展。

（二）培养全面发展的儿童

婴幼儿的学习与发展具有整体性，各个领域之间相互关联、相互作用、密不可分。在婴幼儿早期，所有的学习都始于身体，每一个动作的发展都在开发身体的能力，都在构建大脑丰富的神经通路。这对于婴幼儿的认知发展具有重要意义。伴随着婴幼儿的成长，其社会性、情绪的发展也极大地影响着婴幼儿的学习能力。我们以“培养健康乐观（乐）、善良有爱（爱）、文明礼貌（礼）、好奇智慧（智）、诚信立美（美）的儿童”为总目标，重视婴幼儿良好习惯的养成，致力于培养身心全面发展的儿童。

（三）教育要走在发展的前面

教育要走在发展的前面，要促进婴幼儿全面、充分、和谐发展，而且这种当前的发展应该能为婴幼儿将来的学习与发展奠定良好的基础，有助于婴幼儿将来的可持续发展。教师必须拥有广泛而扎实的婴幼儿发展理论知识，对个体发展有持续的观察和深刻的反思。只有这样，才能提供具有吸引力的游戏，理解婴幼儿游戏的过程和特点，给予其积极的支持和高水平的互动。教师必须参与到婴幼儿的学习过程中，基于婴幼儿的最近发展区布置具有挑战性的任务，有意识地激发、关注幼儿的学习需要。只有这样，才能促进婴幼儿主动、有效地学习。

（四）与家长建立合作伙伴关系

家长是儿童早期发展中排在第一位的重要他人，高质量的亲子陪伴会让早期教育取得事半功倍的效果。与家长建立合作伙伴关系，引导家长在参与活动的过程中理解婴幼儿的学习特点，提升育儿质量，是我们一直追求的目标。因此，我们致力于引导家长树立正确的教育观念，学习科学的育儿方法，建立良好的亲子关系。我们通过丰富多样的亲子活动，让家长在参与中体验和学习婴幼儿教育的有效方法；通过举办专业、实用的育儿讲座，组织参与式的家长沙龙，给予家长科学、具体的家庭教育指导。

二、课程组织实施原则

（一）尊重婴幼儿的年龄特点

0—3岁婴幼儿的发展非常依赖神经系统，特别是大脑的发育程度。早期教育更应该符合婴幼儿的成长顺序，基于其年龄特点引导其发展。对于0—3岁的婴幼儿而言，许多能力的习得离不开反复操作、感知产生的积累效应。我们不追求教育效果的即时性，而是遵循婴幼儿发展特点，设计多种重复和递进的活动，重视婴幼儿发展的潜在性和持续性。

（二）生活化

0—3岁的婴幼儿处于直觉行动思维阶段，他们通过直观感受和与周围事物的互动学习、成长，生活中的瓶瓶罐罐、锅碗瓢盆都是他们探索学习的好材料。因此，我们课程内容的选择与设计贴近生活，重视婴幼儿所在的社会、文化、生活背景，充分挖掘生活中事物的教育价值，将教育融入生活，并将其拓展、延伸至家庭教育之中。

（三）游戏化

游戏是婴幼儿学习和发展的重要途径，高水平的游戏能够促进婴幼儿多种能力的提高。我们的课程注重活动中每个婴幼儿的参与和体验，游戏化、情境化的活动设计能调动婴幼儿多种感官的参与，并使其获得愉悦的情绪体验。

三、课程使用说明

（一）课程安排说明

1. 适用对象

“北京师范大学实验幼儿园早期教育课程方案·亲子课程”是包含语言、艺术、体育、感觉统合等内容的综合游戏活动课程，适用于亲子教育机构的课程组织实施，也可为婴幼儿家长开展亲子游戏提供参考。为贴近亲子教育机构的日常工作实践，本课程以半岁（6个月）为一个年龄段编撰成册，每册包含序言、总论、活动案例三部分。课程频率为每周一次，每个年龄段共计20次亲子活动，大约用一学期的时间完成课程。教师在使用时可根据实际情况调整顺序，也可自行增减内容。

2. 活动时长

根据婴幼儿的生理特点，不同年龄段婴幼儿的课程在单次活动的时间上有所差异。7—12个月婴儿的课程时间为每次45分钟，13—18个月和19—24个月幼儿的课程时间为每次60分钟。所有年龄段婴幼儿的课程都分为两个部分，中间有10分钟休息时间。第一部分以综合游戏活动为主，如语言活动、音乐活动、美术活动等；第二部分以体育游戏活动为主，如大肌肉游戏、感觉统合游戏等。

3. 课程结构

由于7—24个月的婴幼儿在每个阶段的认知水平及学习特点上差异较大，因此，第一部分的活动在内容安排上也有所不同。比如，7—12个月、13—18个月的婴幼儿集中注意力的时间短，乐于探究新材料，因此，这两个年龄段婴幼儿的课程第一部分均包含趣味热身环节和2个游戏活动（其中专门设置了1个探索活动）。19—24个月的幼儿集中注意力的时间相对较长，第一部分根据每个具体活动所用时间的不同，酌情增减活动数量，部分周次包含2个亲子游戏活动，部分周次仅有1个。课程结构与内容如表0-1所示。本册具体的活动列表如表0-2所示。

表0-1 课程结构与内容

<table>
<tr><th>年龄段</th><th>课程结构</th><th>活动流程</th><th>活动内容</th><th>时长</th></tr>
<tr><td rowspan="6">7—12个月</td><td rowspan="3">第一部分：
1环节+2活动</td><td colspan="2">趣味热身</td><td>5分钟</td></tr>
<tr><td>亲子游戏</td><td>活动1：综合游戏</td><td>10分钟</td></tr>
<tr><td>探索发现</td><td>活动2：探索活动</td><td>5分钟</td></tr>
<tr><td colspan="3">休息</td><td>10分钟</td></tr>
<tr><td rowspan="2">第二部分：
1环节+1活动</td><td>运动时光</td><td>活动3：体育游戏</td><td>10分钟</td></tr>
<tr><td colspan="2">舒缓放松</td><td>5分钟</td></tr>
<tr><td rowspan="3">13—18个月</td><td rowspan="3">第一部分：
1环节+2活动</td><td colspan="2">趣味热身</td><td>5分钟</td></tr>
<tr><td>亲子游戏</td><td>活动1：综合游戏</td><td>15分钟</td></tr>
<tr><td>探索发现</td><td>活动2：探索活动</td><td>5分钟</td></tr>
</table>

续表

年龄段	课程结构	活动流程	活动内容	时长
13—18个月	休息			10分钟
	第二部分： 1环节+1活动	运动时光	活动3：体育游戏	20分钟
		舒缓放松		5分钟
19—24个月	第一部分： 2环节+2活动	趣味热身		5分钟
		相识问好		5分钟
		亲子游戏	活动1：综合游戏 活动2：综合游戏（部分周次无）	15分钟
	休息			10分钟
	第二部分： 1环节+1活动	运动时光	活动3：体育游戏	20分钟
		舒缓放松		5分钟

表0-2 活动列表（19—24个月）

周次	趣味热身	相识问好	亲子游戏1	亲子游戏2	休息	运动时光	舒缓放松
1	走走停停	拍手问好歌	你好		幼儿喝水、如厕，教师面向集体分享育儿方法或与个别家长做沟通反馈	平衡游戏1	包饺子
2			许多小鱼游来了	小鱼在哪儿（油水分离画）		平衡游戏2	
3			小手爬呀爬	钻洞洞		运海洋球	
4			全靠小耳朵	寻找乐器的声音		钓小鱼	
5	来跳舞吧	手偶问好	快出来，快出来			挑战大龙球1	大龙球挤压游戏
6			小铃铛			挑战大龙球2	
7			落叶	树叶拓印		坐小船	
8			学小动物叫	远近游戏		彩虹伞游戏	
9	身体音阶歌	拍铃鼓	小木马			爬垫子	摇篮曲
10			猜猜谁出场			小乌龟运海洋球	
11			小老鼠上灯台	摘果子		垫上游戏	

续表

<table>
<tr><th>周次</th><th>趣味热身</th><th>相识问好</th><th>亲子游戏1</th><th>亲子游戏2</th><th>休息</th><th>运动时光</th><th>舒缓放松</th></tr>
<tr><td>12</td><td rowspan="3">我们大家做得好</td><td rowspan="3">小皮球找朋友</td><td>大皮球，小皮球</td><td>滚珠画</td><td rowspan="9">幼儿喝水、如厕，教师面向集体分享育儿方法或与个别家长做沟通反馈</td><td>爬一爬、拍一拍</td><td>摇篮曲</td></tr>
<tr><td>13</td><td>数星星</td><td>小星星</td><td>喂小猫吃鱼</td><td rowspan="4">不倒翁</td></tr>
<tr><td>14</td><td>大狮子和小老鼠</td><td></td><td>钻山洞</td></tr>
<tr><td>15</td><td rowspan="3">竹兜欢乐跳</td><td rowspan="3">好朋友在哪里</td><td>从头动到脚</td><td>波浪舞</td><td>平衡游戏3</td></tr>
<tr><td>16</td><td>摸一摸、猜一猜</td><td>小鸭小鸡</td><td>平衡游戏4</td></tr>
<tr><td>17</td><td>有趣的车轮画</td><td></td><td>小鸭和小鸡</td><td rowspan="4">老吊车</td></tr>
<tr><td>18</td><td rowspan="3">大河马</td><td rowspan="3">Hello歌</td><td>雪娃娃</td><td>雪绒花</td><td>运积木</td></tr>
<tr><td>19</td><td>大巨人和小矮人</td><td></td><td>小马驾驾驾</td></tr>
<tr><td>20</td><td>动物庆典</td><td></td><td>小老鼠捉尾巴</td></tr>
</table>

（二）课程实施建议

第一，每次课程的开始环节均为趣味热身，目的是吸引家长和婴幼儿的注意力，在唱唱跳跳的快乐氛围中，调动家长和婴幼儿的情绪，使其愉快进入下面的课程。根据0—3岁婴幼儿需要重复学习的特点，趣味热身环节的内容会出现多次重复的情况。年龄越小，重复的次数就越多，目的是通过反复练习，使婴幼儿熟练掌握。

第二，所有课程的第二部分均以体育游戏活动为主。其中，7—12个月婴儿的体育游戏活动中没有热身活动，因为此年龄段婴儿的课程时间较短，内容强度不大，不需要专门热身；13—18个月和19—24个月幼儿的体育游戏活动开始时均有热身活动，目的是活动身体各部位，为大肌肉的运动做好准备，每4节课更换一种热身活动。

第三，所有课程的最后环节均为舒缓放松，目的是舒缓婴幼儿的情绪，放松肌肉，每4节课更换一种放松活动。

第四，所有活动设计后面均附有给家长的话和给教师的建议，内容为给家庭教育提出的建议、对活动内容的讲解、重难点提示以及组织活动时需要注意的地方、可以替换的部分、给教师的启发与提醒等。

第五，本套课程中的部分玩教具比较专业，在每册图书的彩页中，我们对主要的玩教具进行了展示，并注明了使用的周次。部分如图画书等常见且不要求必须与文中保持一致的玩教具则未在彩页中展示。此外，部分玩教具对于家庭而言可能较难买到。因此，我们在部分玩教具后面注明了可以替代的生活中的常见物品，方便家长和教师使用。

第六，部分活动过程中有简短的教师组织语言，但并不能包含课程中教师的全部语言。因此，在组织活动的过程中，教师可结合活动进程及现场情况，创造性地添加组织语言。

第七，本套课程中的每个环节都标明了所用时间，但是组织活动的过程不是一成不变的。因此，教师可根据活动进程灵活安排时间，针对教育对象适时调整活动内容和时间长短。

第八，在19—24个月幼儿的课程中，第一部分在趣味热身结束后增加了相识问好环节。因为这个年龄的幼儿进入了语言发展的关键期，我们要多为幼儿提供练习说话的机会。每次相识问好环节的活动难度是递增的，这也是基于幼儿能力逐渐增强的发展特点设计的。

第九，0—3岁婴幼儿与其他学段儿童相比，在身心发展规律及特点上有较大区别。因此，广大婴幼儿教育工作者在使用本套丛书之前应具备一定的0—3岁婴幼儿发展的相关知识，如生理特点、学习特点、情绪特点及各个月龄婴幼儿的生理发展指标等。

目 录

1 第一周

第一周课程预览

课程结构	活动流程	活动名称	时长
第一部分	趣味热身	走走停停	5 分钟
	相识问好	拍手问好歌	5 分钟
	亲子游戏	你好	15 分钟
	休息		10 分钟
第二部分	运动时光	平衡游戏 1	20 分钟
	舒缓放松	包饺子	5 分钟

第一部分

趣味热身　走走停停

活动过程

1. 教师组织家长抱着宝宝和教师站立围成一圈，随音乐有节奏地往圆圈中心走，再转身从中心往外圈走。音乐暂停时保持原地不动，音乐响起时再继续走，要随音乐上下晃动宝宝身体，让宝宝感知音乐，反复几次。
2. 往中间走到一起时，可引导宝宝互相打招呼，互问“你好”。教师也可自己设计其他动作，如击掌、招手等。

   推荐音乐：节奏欢快、乐曲中有空拍暂停的轻音乐（可由助教控制音乐暂停或播放）。

相识问好　拍手问好歌

活动目标

1. 学唱歌曲，认识同伴。
2. 在轮流唱名字的过程中学习等待和关注他人。

活动过程

教师一边拍手，一边轻唱《拍手问好歌》，依次唱每一个宝宝的名字。

附歌曲：

拍手问好歌

1= C　3/4

<u>1　2</u>｜<u>3　4</u>　5　3｜6　4　5｜3　—<u>1　2</u>｜

大家　跟我 一 起 拍 手 拍 手，见到

<u>3　4</u>　5　3　｜4　2　1　‖

××× 说　声 你　好。

亲子游戏　你好

活动目标

1. 能够认真倾听故事，学会用“你好”问好。
2. 感受歌曲旋律，在游戏中巩固见到朋友时如何打招呼。
3. 体验和父母一起游戏的快乐。

活动准备

1. 实物：图画书《你好》、与图画书匹配的小动物手偶、和宝宝人数相等的小动物手偶。
2. 推荐音乐：《你好》。

活动过程

1. 教师完整讲述故事。
2. 教师拿手偶依次向宝宝问好，并引导宝宝说出“×××，你好”。
   师：“×××，你好。”
3. 教师为每个宝宝分发一个小动物手偶，引导家长鼓励宝宝用“你好”与小动物问好。
4. 家长和宝宝手拉手，跟随《你好》音乐模仿教师做动作（教师根据宝宝的兴趣控制游戏时间）。
5. 家长戴小动物手偶，和宝宝面对面跟着音乐一起做动作。

6. 家长请宝宝将小动物手偶送到教师指定位置。

给家长的话

在生活中，家长要引导宝宝学习用语言表达自己的问候，培养宝宝礼貌的行为；同时，家长要有意识地做宝宝模仿的榜样，主动问候他人。

给教师的建议

如果有手偶剧台，可以用手偶表演的形式表演故事，宝宝会全神贯注地观看。

休息时间：播放轻音乐

幼儿喝水、如厕，教师面向集体分享育儿方法
或与个别家长做沟通反馈。

第二部分

运动时光　平衡游戏 1

活动目标

1. 锻炼下肢力量。
2. 体验排队的规则。

活动准备

1. 实物：平衡步道四个，平衡触觉板四个，过河石八个。
2. 推荐音乐：《描声舞》（奥尔夫音乐）。教师也可搜与动物模仿操相关的音乐，创编动作。

活动过程

1. 热身活动：《描声舞》。

   教师、家长及宝宝站成一个大圆圈，教师带领大家跟随音乐节奏一起活动身体四肢，重点活动膝关节和踝关节。

2. 热身结束，教师出示平衡步道、平衡触觉板、过河石，向家长和宝宝逐一介绍教具名称和教具目标。

   师："这是平衡步道，它可以发展宝宝的平衡能力，刺激足底触觉神经的发展。"

   师："这是平衡触觉板，它也可以发展宝宝的平衡能力，刺激足底触觉神经的发展；不过它比平衡步道要高一些，所以难度大一些。"

   师："这是过河石，我们踩在上面就像踩在河里的石头上一样，它也可以发展宝宝的平衡能力。"

3. 每个宝宝任意拿一个教具，亲手触摸，在教室自由摆放，并踩上去玩一玩，熟悉教具特性。
4. 教师指导宝宝和家长一起将平衡步道、平衡触觉板和过河石连接成一条直线型的道路，并请家长扶着宝宝尝试走过每一条道路。

   师："宝宝走的时候眼睛要看脚下，双手伸直保持平衡。"

   师："家长可以拉着宝宝的一只手。"

5. 教师在教室中巡回指导，鼓励宝宝去尝试通过每一条道路，并适时指导家长帮助宝宝树立排队进行游戏的意识。
6. 教师根据宝宝参与活动的情况，适时结束游戏，收起教具，并请家长和宝宝坐在原地休息。

给家长的话

家长在活动中应该尽量放手，让宝宝尝试自己走；如若不行，再给予一只手的帮助。而且家长要有意识地引导宝宝排队玩，培养宝宝良好的秩序感。

给教师的建议

本次活动主要以让家长和宝宝感受、了解教具为主，让宝宝在活动中建立初步的排队意识，为后面的活动打下基础。

舒缓放松 包饺子

活动准备

实物：垫子每人一个，玩具娃娃一个。

活动过程

1. 教师让玩具娃娃平躺在自己身前，示范游戏玩法。
2. 宝宝躺在垫子上，家长坐在宝宝的旁边。
3. 家长跟随教师一边说儿歌，一边为宝宝按摩。

师："擀擀皮，和和馅（宝宝平躺在垫子上，家长轻轻地按节奏顺时针按摩宝宝的腹部）。捏捏饺子剁三下（轻捏宝宝的腿部，双手相对竖立，轻剁宝宝的肩部、大腿、脚踝）。煮一煮，翻一翻（手握宝宝脚踝并抬起，随着儿歌节奏给宝宝做腿部曲直运动）。捞起饺子晾一晾（两手托住宝宝腋下，左右轻轻摇摆）。尝尝饺子香不香（轻轻亲吻宝宝的脸颊）。"

4. 游戏可反复进行。

第 二 周

第二周课程预览

课程结构	活动流程	活动名称	时 长
第一部分	趣味热身	走走停停	5 分钟
	相识问好	拍手问好歌	5 分钟
	亲子游戏	许多小鱼游来了	5 分钟
		小鱼在哪儿（油水分离画）	10 分钟
	休 息		10 分钟
第二部分	运动时光	平衡游戏 2	20 分钟
	舒缓放松	包饺子	5 分钟

第一部分

趣味热身　走走停停

活动过程

1. 教师组织家长抱着宝宝和教师站立围成一圈，随音乐有节奏地往圆圈中心走，再转身从中心往外圈走。音乐暂停时保持原地不动，音乐响起时再继续走，要随音乐上下晃动宝宝身体，让宝宝感知音乐，反复几次。
2. 往中间走到一起时，可引导宝宝互相打招呼，互问“你好”。教师也可自己设计其他动作，如击掌、招手等。

推荐音乐：节奏欢快、乐曲中有空拍暂停的轻音乐（可由助教控制音乐暂停或播放）。

相识问好　拍手问好歌

活动目标

1. 学唱歌曲，认识同伴。
2. 在轮流唱名字的过程中学习等待和关注他人。

活动过程

教师一边拍手，一边轻唱《拍手问好歌》，依次唱每一个宝宝的名字。

附歌曲：

拍手问好歌

1= C　3/4

1　2 | 3　4　5　3 | 6　4　5 | 3　— 1　2 |

大家　跟我一起拍手拍手，见到

3　4　5　3　| 4　2　1　||

×××说　声你　好。

亲子游戏 1　许多小鱼游来了

活动目标

1. 能跟随音乐一起玩捉鱼的游戏。
2. 体验亲子共同游戏的乐趣。

活动准备

1. 实物：自制大渔网一个，呼啦圈每人一个。
2. 推荐音乐：《许多小鱼游来了》。

活动过程

1. 教师播放音乐后，家长引导宝宝跟随教师一起模仿小鱼游的样子，在场地中自由地“游来游去”。

   师：“宝宝们，你们会模仿小鱼游吗？我会这样游，你们呢？我们一起跟着好听的音乐像小鱼一样游一游吧。”

2. 教师组织家长与宝宝进行捞鱼游戏。家长引导宝宝跟随音乐模仿小鱼在场地中自由地“游来游去”。教师扮演捞鱼的人，并跟随音乐有节奏地跑动。当听到“快快捉住”时，教师将“渔网”轻轻套在任意宝宝头上，再轻轻拿开。教师播放音乐《许多小鱼游来了》。游戏可重复两遍。

   师：“我有捞鱼网，我要捞小鱼。宝宝游来游去，看看我的渔网能捞到哪条小鱼。”

3. 教师介绍亲子捞鱼游戏的玩法，并组织家长与宝宝进行捞鱼游戏。家长可用手臂做环状，将手臂作为“渔网”。家长边说儿歌边靠近宝宝，说到“快快捉住”时用手臂套住宝宝。

   师：“爸爸妈妈的手臂好像渔网，一捞就能捞到宝宝小鱼，宝宝可要快快地游哟！”

4. 教师出示呼啦圈，并分发给每个家庭一个呼啦圈。教师播放音乐后，宝宝跟随音乐模仿小鱼游，家长手持呼啦圈将其作为渔网。听到“快快捉住”时，家长用呼啦圈轻轻套住宝宝。

   师：“许多小鱼游来了，爸爸妈妈用呼啦圈捞宝宝小鱼喽，宝宝快快游起来。”

5. 活动结束，家长引导宝宝将呼啦圈送到教师指定的地方。

给家长的话

小鱼是宝宝常见的小动物，所以模仿起来非常容易。在网小鱼的过程中，家长让宝宝重复体验被捉住时的身体感受，享受这种亲子互动的乐趣。

给教师的建议

在还不熟悉的环境中，自由的跑动特别能放松宝宝的情绪，所以教师要鼓励家长带着宝宝自由地跑动。

亲子游戏2　小鱼在哪儿（油水分离画）

活动目标

1. 初步尝试作油水分离画，感受色彩的美。
2. 体验参加美术活动的乐趣。

活动准备

1. 实物：大开画纸（提前用白色油画棒画好小鱼图案）每人一张，板刷每人一把，颜料小盘（红黄蓝颜料分开）每人一份，桌布、湿抹布每人一块，罩衣每人一件等。
2. 推荐音乐：《许多小鱼游来了》。

活动过程

1. 教师简单介绍作画情境，激发宝宝参与的兴趣。

   师："有许多小鱼在鱼缸里游来游去做游戏，它们藏在哪儿呢？"
2. 教师示范板刷涂色的方法，并简单介绍本次活动的重点和目的。

   师："今天我们的美术活动由前面的音乐《许多小鱼游来了》延伸而来，主要是让宝宝初步尝试作油水分离画，尝试用板刷涂色，感受色彩的美。板刷涂色正好能满足宝宝的大动作涂鸦。在此过程中家长不需要过多干预宝宝，稍做引导即可。"
3. 教师分发给每个宝宝一件罩衣，家长帮助宝宝穿好。宝宝开始尝试作画，家长进行引导。教师观察宝宝作画及家长引导的情况，并适时给予指导。
4. 宝宝完成作画后，家长协助宝宝将物品放回原处，脱下罩衣，带宝宝洗手。
5. 活动自然结束。

给家长的话

1．培养宝宝绘画的能力非常重要。如果宝宝第一次接触绘画，家长一定要引导他们掌握方法，如用小刷子刮一刮，不滴水了，就可以画画了。

2．宝宝喜欢用大动作来涂鸦。在水粉颜料覆盖后，油水分离的效果就会逐渐使之前用油画棒画的鱼呈现出来，宝宝会觉得特别神奇。家长在家也可以在大开白纸上画其他的图案，满足宝宝涂色的愿望。

给教师的建议

1. 因为宝宝年龄小，小肌肉的控制能力还不是很好，所以提供的材料要大，如纸张要大、刷子要宽，以方便宝宝操作。

2. 在活动过程中教师要提示家长如果宝宝第一次接触某个绘画工具，一定要为宝宝示范其正确的用法。

休息时间：播放轻音乐

幼儿喝水、如厕，教师面向集体分享育儿方法
或与个别家长做沟通反馈。

第二部分

运动时光　平衡游戏 2

活动目标

1. 发展平衡能力。
2. 体验游戏的乐趣。

活动准备

1. 实物：步行运动组合一套，建构平衡木一组，过河石十二个。
2. 推荐音乐：《描声舞》。

活动过程

1.热身活动:《描声舞》。

教师、家长及宝宝站成一个大圆圈。教师带领大家跟随音乐节奏一起活动身体四肢，重点活动膝关节和踝关节。

2. 热身活动结束，教师带领家长及宝宝坐到教室一侧，稍作休息，同时教师向家长介绍活动目标及教具。

3. 与此同时，助教在教室场地中分别用过河石、步行运动组合和建构平衡木布置成三条直线型的道路。

4. 教师请家长陪同宝宝选择要从上面通过的道路，并提示家长引导宝宝排队行进。

5. 教师在教室中巡回指导，鼓励宝宝逐一尝试每一条道路，并且每一条道路可反复通过，观察并提示家长用正确的方式帮助宝宝完成游戏。

6. 教师将过河石和建构平衡木组成的两条路改变为“之”字形摆放，改变后请家长带领宝宝尝试通过。

7. 教师将这三组教具连成一条“U”形道路，并请家长陪同宝宝通过。

8. 教师根据宝宝参与活动的情况，适时结束游戏，收起教具，并请家长和宝宝坐在原地休息。

给家长的话

宝宝在进行平衡练习时，家长可逐步降低帮助的程度。例如，刚开始时一只手扶着宝宝，慢慢变为只给一个手指的帮助，再之后变为轻轻拉着宝宝的后衣领但是不让宝宝感觉到，如此逐渐过渡到宝宝可以独立进行尝试。

给教师的建议

教师在课程中要重点观察家长帮助宝宝的方法，如果宝宝平衡能力强，可以建议家长逐步放手；如果宝宝平衡能力还需要练习，不建议家长过早地完全放手，避免发生危险。此外，教师也要在课程中时刻提示家长帮助宝宝建立规则意识。

舒缓放松　包饺子

活动准备

实物：垫子每人一个，玩具娃娃一个。

活动过程

1. 教师让玩具娃娃平躺在自己身前，示范游戏玩法。
2. 宝宝躺在垫子上，家长坐在宝宝的旁边。
3. 家长跟随教师一边说儿歌，一边为宝宝按摩。

师："擀擀皮，和和馅（宝宝平躺在垫子上，家长轻轻地按节奏顺时针按摩宝宝的腹部）。捏捏饺子剁三下（轻捏宝宝的腿部，双手相对竖立，轻剁宝宝的肩部、大腿、脚踝）。煮一煮，翻一翻（手握宝宝脚踝并抬起，随着儿歌节奏给宝宝做腿部曲直运动）。捞起饺子晾一晾（两手托住宝宝腋下，左右摇摆）。尝尝饺子香不香（轻轻亲吻宝宝的脸颊）。"

4. 游戏可反复进行。

第 三 周

第三周课程预览

课程结构	活动流程	活动名称	时长
第一部分	趣味热身	走走停停	5 分钟
	相识问好	拍手问好歌	5 分钟
	亲子游戏	小手爬呀爬	5 分钟
		钻洞洞	10 分钟
	休息		10 分钟
第二部分	运动时光	运海洋球	20 分钟
	舒缓放松	包饺子	5 分钟

第一部分

趣味热身　走走停停

活动过程

1. 教师组织家长抱着宝宝和教师站立围成一圈，随音乐有节奏地往圆圈中心走，再转身从中心往外圈走。音乐暂停时保持原地不动，音乐响起时再继续走，要随音乐上下晃动宝宝身体，让宝宝感知音乐，反复几次。
2. 往中间走到一起时，可引导宝宝互相打招呼，互问“你好”。教师也可自己设计其他动作，如击掌、招手等。

推荐音乐：节奏欢快、乐曲中有空拍暂停的轻音乐（可由助教控制音乐暂停或播放）。

相识问好　拍手问好歌

活动目标

1. 学唱歌曲，认识同伴。
2. 在轮流唱名字的过程中学习等待和关注他人。

活动过程

教师一边拍手，一边轻唱《拍手问好歌》，依次唱每一个宝宝的名字。

附歌曲：

拍手问好歌

1= C　3/4

1　2 | 3　4　5　3 | 6　4　5 | 3 — 1　2 |

大家　跟我一起　拍手拍　手，见到

3　4　5　3　| 4　2　1　||

×××说　声你　好。

亲子游戏 1　小手爬呀爬

活动目标

1. 初步学唱歌曲，能跟随音乐模仿简单的动作。
2. 体验亲子共同游戏的快乐。

活动准备

推荐音乐：《小手爬呀爬》。

活动过程

1. 家长坐在宝宝身后，与教师围坐成圆圈。教师一边口述儿歌，一边做简单动作（双手从脚背慢慢往头顶爬，爬到头顶后再慢慢爬回到脚背），引出儿歌。家长引导宝宝模仿教师做动作。

   师："我们的小手能做很多事情，能吃饭、玩玩具，还能和我们的身体做游戏。请宝宝伸出你的双手，和我一起玩'小手爬呀爬'的游戏吧。"

2. 教师播放并唱歌曲，做简单动作。家长引导宝宝模仿教师做简单动作，熟悉歌曲。
3. 家长与宝宝面对面坐好。教师播放音乐《小手爬呀爬》后，家长双手跟随音乐的节奏从宝宝的小脚开始向上爬，爬到身体的各部位，让宝宝感受到游戏的乐趣。游戏可重复两遍。

4. 教师引导宝宝和家长尝试创编儿歌，可将儿歌中的“头顶”“小脚”替换为身体其他部位，然后一起清唱儿歌，并用双手在身体相应部位爬一爬。游戏可重复多次。

师：“宝宝们，我们的小手不仅可以爬到头顶和脚背，还能爬到身体其他部位，你们想让小手爬到哪里呀？”

5. 活动自然结束。

给家长的话

1 在游戏中认识身体各部位的名称，宝宝答不上来时，家长可以帮宝宝回答，巩固宝宝对身体的认识。

2. 建议家长和教师一起唱，使宝宝更快地熟悉歌曲。如果宝宝熟悉这首歌曲了，家长可以回家后继续带宝宝改编歌词，和宝宝一起唱，如爬到肩膀、耳朵、膝盖等，帮助宝宝熟悉歌曲的旋律和歌词，并认识身体各部位。

给教师的建议

1. 第一遍游戏时，考虑到宝宝的年龄特点，可以先放慢速度清唱；等宝宝稍微熟悉后，再跟着音乐一起做。

2. 第一次做此音乐游戏时，教师不用把身体的每一个部位都唱到，最好能够根据宝宝在游戏中的状态进行随机调整。

亲子游戏2 钻洞洞

活动目标

1. 模仿成人的动作并和家长一起做游戏。

2. 提升手指灵活性和语言表达能力。

活动准备

实物：毛毛虫吃苹果教具。

活动过程

1. 家长带宝宝调整距离，让宝宝坐在家长怀里。教师用毛毛虫吃苹果的教具引入活动，一边口述儿歌，一边做手指动作。家长引导宝宝模仿教师动作。可重复两遍。

   师："指，指，指洞洞（左手拇指和食指围成圈，右手伸出食指。其他四指弯曲，用食指指向右手的洞）。画，画，画虫虫（右手食指在空中画圈）。大虫出来钻洞洞（右手食指弯曲向前，伸进左手的洞内，左手攥紧），钻出洞（食指从洞内抽出来）。"

2. 家长与宝宝面对面坐好，家长一边说儿歌，一边与宝宝玩钻洞洞的游戏。具体玩法为：家长伸出食指，宝宝小手握紧，家长将食指伸进宝宝手握紧后的小洞里，也可宝宝伸出食指去钻家长手指收拢后的小洞。游戏可重复两三遍。

3. 活动自然结束。

给家长的话

在宝宝语言敏感期，家长尽可能多地和宝宝说一些有韵律的简短儿歌，这样能促进他们语言能力的发展。宝宝很喜欢和家长一起互动做游戏，对建立亲密的亲子关系有积极作用。

给教师的建议

宝宝对洞洞非常感兴趣，教师可以据此设计出更多精彩课程，如提供有洞洞的物品或者材料，让他们动手探索。

休息时间：播放轻音乐

幼儿喝水、如厕，教师面向集体分享育儿方法

或与个别家长做沟通反馈。

第二部分

运动时光　运海洋球

活动目标

1. 锻炼蹲走和持物走动作。
2. 提升身体协调性。

活动准备

1. 实物：鱼抄每人一个，装在球筐里的海洋球若干，海洋球筐，带动物头饰的塑料盆（自制）。
2. 推荐音乐：《描声舞》。

活动过程

1. 热身活动：《描声舞》。

教师、家长和宝宝站成一个大圆圈。教师带领大家跟随音乐节奏一起活动身体四肢，重点活动膝关节和踝关节。

2. 教师出示教具，并介绍游戏情境与玩法。

师："今天我们的任务是给小动物喂肉丸子。喂的时候需要小心一些，千万别把肉丸子掉到地上。"

教师将海洋球放到教室的一侧，将带动物头饰的塑料盆放到教室的另一侧，然后请宝宝每次拿一个海洋球，送到带动物头饰的塑料盆里。宝宝可反复进行游戏。教师提示家长陪在宝宝身边并不断用语言进行鼓励。

3. 待海洋球全部送完后，教师发给每个宝宝一个鱼抄，并将海洋球捡回球筐。教师示范将海洋球放到鱼抄上，再手持鱼抄从教室的一侧走到另一侧，将海洋球放到有动物头饰的塑料盆里。

4. 教师示范完毕后，游戏开始，教师提示家长在宝宝旁边保护与鼓励宝宝。
5. 教师根据宝宝参与活动的情况，适时结束游戏，收起教具，并请家长和宝宝坐在原地休息。

给家长的话

宝宝在家时，家长可以用乒乓球和塑料盆代替教具与宝宝一起玩游戏。类似游戏可以锻炼宝宝四散走、蹲起、持物走等动作，提高宝宝的身体协调能力，增加宝宝的运动量。

给教师的建议

教师根据年龄提供适宜的材料。例如，针对一岁多的宝宝，适合提供方便宝宝抓握的器皿、小盆、小盘等，家长可帮宝宝捡球放在盆里或递到宝宝手里，这样来进行游戏。教师也可设计多种情境的游戏，如恐龙运蛋、运动员运球等，激发宝宝参与的兴趣。

舒缓放松　包饺子

活动准备

实物：垫子每人一个，玩具娃娃一个。

活动过程

1. 教师让玩具娃娃平躺在自己身前，示范游戏玩法。
2. 宝宝躺在垫子上，家长坐在宝宝的旁边。
3. 家长跟随教师一边说儿歌，一边为宝宝按摩。

师："擀擀皮，和和馅（宝宝平躺在垫子上，家长轻轻地按节奏顺时针按摩宝宝的腹部)。捏捏饺子剁三下(轻捏宝宝的腿部，双手相对竖立，轻剁宝宝的肩部、大腿、脚踝)。煮一煮，翻一翻(手握宝宝脚踝并抬起，随着儿歌节奏给宝宝做腿部曲直运动)。捞起饺子晾一晾(两手托住宝宝腋下，左右摇摆)。尝尝饺子香不香(轻轻亲吻宝宝的脸颊)。”

4. 游戏可反复进行。

第 四 周

第四周课程预览

课程结构	活动流程	活动名称	时 长
第一部分	趣味热身	走走停停	5 分钟
	相识问好	拍手问好歌	5 分钟
	亲子游戏	全靠小耳朵	5 分钟
		寻找乐器的声音	10 分钟
	休　　息		10 分钟
第二部分	运动时光	钓小鱼	20 分钟
	舒缓放松	包饺子	5 分钟

第一部分

趣味热身　走走停停

活动过程

1. 教师组织家长抱着宝宝和教师站立围成一圈，随音乐有节奏地往圆圈中心走，再转身从中心往外圈走。音乐暂停时保持原地不动，音乐响起时再继续走，要随音乐上下晃动宝宝身体，让宝宝感知音乐，反复几次。
2. 往中间走到一起时，可引导宝宝互相打招呼，互问“你好”。教师也可自己设计其他动作，如击掌、招手等。

推荐音乐：节奏欢快、乐曲中有空拍暂停的轻音乐（可由助教控制音乐暂停或播放）。

相识问好　拍手问好歌

活动目标

1. 学唱歌曲，认识同伴。
2. 在轮流唱名字的过程中学习等待和关注他人。

活动过程

教师一边拍手，一边轻唱《拍手问好歌》，依次唱每一个宝宝的名字。

附歌曲：

拍手问好歌

1= C　3/4

1　2 | 3　4　5　3 | 6　4　5 | 3　—　1　2 |

大家　跟我　一　起　拍　手　拍　手，见到

3　4　5　3　| 4　2　1　||

××× 说　声　你　好。

亲子游戏 1　全靠小耳朵

活动目标

1. 能模仿歌曲中小动物的叫声，并做简单动作。
2. 感受歌曲的旋律。

活动准备

1. 实物：动物手偶（公鸡、小羊、小狗、小猫）各一个，小鼓每人一个。
2. 推荐音乐：《全靠小耳朵》。

活动过程

1. 教师依次出示动物手偶，并引导宝宝一起模仿动物的叫声，引起宝宝的兴趣。
2. 教师播放音乐《全靠小耳朵》，用手偶进行表演。家长引导宝宝观看。
3. 教师播放音乐《全靠小耳朵》，跟随音乐展示简单的动作。家长引导宝宝模仿教师做动作。
4. 教师出示小鼓，并分发给每人一个小鼓。家长引导宝宝探索小鼓，尝试让小鼓发出声音。
5. 教师播放音乐《全靠小耳朵》后，家长引导宝宝有节奏地拍击小鼓，为歌曲伴奏。
6. 活动结束，教师一边清唱“小乐器回家啦”，一边依次走到每个宝宝

面前，将小鼓收回。（清唱节奏为：5 5 3 | 5 5 3 |）

亲子游戏2 寻找乐器的声音

活动目标

1. 能区别两种乐器的声音。
2. 发展听觉与辨音能力。

活动准备

实物：小鼓每人一个，撞钟每人一对。

活动过程

1. 教师出示乐器小鼓和撞钟，并拍节奏（XX X | XX X），介绍乐器的名称。

   师："听一听，听一听，什么乐器最好听？小鼓（撞钟）声音最好听。"

2. 教师介绍听声音游戏玩法，并组织宝宝和家长进行游戏。

   玩法：两名教师分别拿一种乐器站在场地的两侧，依次用乐器发出声音。宝宝听到小鼓的声音时，走到拿小鼓的教师旁边；听到撞钟的声音时，走到拿撞钟的教师旁边。

3. 教师有节奏地依次喊宝宝的名字，喊到名字的宝宝上前选取乐器，家长引导宝宝探索乐器。

   师："现在我来喊宝宝的名字，听到你的名字后，请你上前来取乐器。XXX，请你拿乐器。"

4. 教师将乐器藏在身后，任选一种乐器在身后敲击。宝宝听到声音后拿起相应乐器进行敲击，家长可稍作协助。游戏可重复两三遍。
5. 活动结束，家长引导宝宝将乐器放回教师指定的地方。

给家长的话

这个年龄段的宝宝喜欢模仿，而且对小动物和毛绒玩具非常感兴趣。活动中宝宝通过手偶、模仿动作、小鼓去表现音乐《全靠小耳朵》，感受音乐的旋律和节奏。

给教师的建议

教师选择的音乐一定要是歌词简单、朗朗上口的。教师要抓住这个年龄段宝宝的年龄特点，运用多种形式和教具去表现音乐。在活动过程中，教师要充满激情，声音和表情都要夸张,这样才能更吸引宝宝。

休息时间：播放轻音乐

幼儿喝水、如厕，教师面向集体分享育儿方法

或与个别家长做沟通反馈。

第二部分

运动时光　钓小鱼

活动目标

1. 巩固持物走的能力。
2. 体验游戏的乐趣。

活动准备

1. 实物：自制钓鱼竿每人一个，塑封的小鱼模型若干，彩虹接龙三个（鱼池），平衡步道若干，带小猫头饰的塑料筐两个。
2. 推荐音乐：《描声舞》。

活动过程

1. 热身活动。

教师、家长和宝宝站成一个大圆圈。教师带领大家跟随音乐节奏一起活动四肢，重点活动膝关节和踝关节。

2. 教师将彩虹接龙摆放在教室一侧充当鱼池，里面放小鱼模型，同时在教室另一侧放带小猫头饰的塑料筐。教师出示钓鱼竿和小鱼，引起宝宝的兴趣，并介绍游戏情境与玩法。

师："宝宝看，这是什么？钓鱼竿，池塘里有许多鱼，我们去钓鱼吧！钓到鱼后可以去喂小猫咪。"

教师示范钓到一条鱼后，把鱼放到对面的鱼盆里喂小猫，然后再回来继续钓鱼。

3. 教师示范完毕，发给每个宝宝一个钓鱼竿，并请家长陪伴宝宝开始进行游戏。宝宝可反复进行钓鱼游戏。教师注意观察宝宝状态，适时提示家长使用正确的引导方式。
4. 待宝宝兴趣减弱时，教师适时增加教具，提升游戏难度，增加宝宝的兴趣。教师在教室中添加平衡木，宝宝钓到鱼后手持鱼竿走过平衡木，去喂小猫。
5. 教师根据宝宝参与活动的情况，适时结束游戏，收起教具，并请家长和宝宝坐在原地休息。

给家长的话

本次活动通过钓鱼喂猫的情境，让宝宝沉浸在快乐的游戏当中，目的是让宝宝在玩的过程中得到体能的锻炼，发展持物走能力。持物走是平衡能力更高级的表现。家长在家中也可以创设类似的游戏，发展宝宝更强的平衡能力。

给教师的建议

本次活动的教具大部分为自制，课程内容的设计充分考虑到了游戏性。在活动中，教师不仅要关注每一个宝宝参与游戏的状态，还要观察家长与宝宝的互动方式，发现问题需要及时纠正。

舒缓放松　包饺子

活动准备

实物：垫子每人一个，玩具娃娃一个。

活动过程

1. 教师让玩具娃娃平躺在自己身前，示范游戏玩法。
2. 宝宝躺在垫子上，家长坐在宝宝的旁边。
3. 家长跟随教师一边说儿歌，一边为宝宝按摩。

   师："擀擀皮，和和馅（宝宝平躺在垫子上，家长轻轻地按节奏顺时针按摩宝宝的腹部）。捏捏饺子剁三下（轻捏宝宝的腿部，双手相对竖立，轻剁宝宝的肩部、大腿、脚踝）。煮一煮，翻一翻（手握宝宝脚踝并抬起，随着儿歌节奏给宝宝做腿部曲直运动）。捞起饺子晾一晾（两手托住宝宝腋下，左右摇摆）。尝尝饺子香不香（轻轻亲吻宝宝的脸颊）。

4. 游戏可反复进行。

第五周

第五周课程预览

课程结构	活动流程	活动名称	时　长
第一部分	趣味热身	来跳舞吧	5 分钟
	相识问好	手偶问好	5 分钟
	亲子游戏	快出来，快出来	15 分钟
	休　　息		10 分钟
第二部分	运动时光	挑战大龙球 1	20 分钟
	舒缓放松	大龙球挤压游戏	5 分钟

第一部分

趣味热身　来跳舞吧

活动过程

教师引导宝宝到指定的场地，站成一个圆圈，跟着音乐模仿教师的动作。

推荐音乐：《来跳舞》。

动作示范

1. 前奏及间奏时，跟随节奏拍手。
2. 听到“来来来，来跳舞”时，向前伸出双臂，手指并拢，掌心朝上，手指有节奏地开合，做邀请的动作。
3. 听到“宝宝妈妈来跳舞”时，手臂交叉，双手五指张开，随节奏自下而上一边抖动，一边打开双臂至身体两侧。
4. 听到“拍拍手，摇摇手”时，拍手两下，双手摇摆左右各一下。
5. 听到“抱起宝宝转一圈”时，家长手扶宝宝腋下，将宝宝抱起转一圈。

相识问好　手偶问好

活动目标

1. 能主动跟小动物问好。
2. 在问好的过程中能轮流等待。

活动准备

实物：手偶小狗（其他小动物也可以）。

活动过程

1. 教师出示手偶小狗，模仿小狗叫声并与宝宝打招呼。

   师："汪汪，汪汪，大家好，我是小狗。"

2. 教师手戴手偶小狗，走到每个宝宝面前与其问好。家长引导宝宝回答："你好，小狗。"宝宝也可以用自己的方式与手偶动物问好，如摸一摸或抱一抱等。当宝宝回应后，教师带领大家一起说"欢迎×××"，拍手欢迎宝宝的到来。

亲子游戏　快出来，快出来

活动目标

1. 能认真倾听故事，并在问答游戏中学说"快出来，快出来"。
2. 体验藏猫猫游戏的乐趣。

活动准备

实物：图画书《快出来，快出来》一本，木偶剧台（可用有遮挡的漂亮布块替代），与图画书内容相对应的手偶一套（青蛙、兔子、小蛇、鸭子、大象），其他常见的任意六种动物手偶各一个，神秘袋一个，纱巾每人一块。

活动过程

1. 家长和宝宝调整距离，宝宝坐在家长的怀里。教师有感情地讲述图画书《快出来，快出来》，宝宝安静倾听。
2. 教师推出木偶剧台，在木偶剧台后藏好，利用手偶和木偶剧台表演图画书《快出来，快出来》，并用问答游戏的方式与宝宝互动，引导家长与宝宝一起大声问："是谁藏在里面呀？快出来，快出来！"每次家长与宝宝发问结束后，教师出示一种手偶动物与宝宝和家长互动。教师按照图画书中的顺序，将动物手偶依次展现在木偶剧台前，并说出图画书中相应动物的回答。

宝宝和家长：“是谁藏在里面呀？快出来，快出来！”

师：“嘭，嘭，我是小兔子，你们好！”

3. 手偶表演结束后，宝宝与家长继续发问：“是谁藏在里面呀？快出来，快出来！”教师听到发问后，拉开木偶剧台的小幕布，出现在木偶剧台的表演框中，与宝宝打招呼。
4. 教师邀请宝宝和家长参与互动游戏“藏猫猫”。教师依次喊宝宝的名字，请宝宝和家长一起藏到木偶剧台后，然后引导木偶剧台前的宝宝和家长一起问：“是谁藏在里面呀？快出来，快出来！”听到发问后，藏猫猫的宝宝和家长拉开木偶剧台的幕布，出现在木偶剧台的表演框中，一起与大家打招呼并简单介绍宝宝，如“大家好，我是×××”。
5. 教师出示神秘袋，简单介绍神秘袋互动游戏玩法。教师每次邀请一个家庭上前，并引导大家说出“快出来，快出来”后，上前的宝宝从神秘袋中拿出一个动物手偶并向大家展示。教师引导家长和宝宝一起模仿这种动物的叫声。
6. 教师分发给每个家庭一块纱巾。家长与宝宝面对面坐好后，家长把纱巾盖在宝宝的头上，说：“是谁藏在里面呀？”然后引导宝宝说出自己的名字。家长说“快出来，快出来”后，迅速将纱巾拽下，与宝宝拥抱。然后角色互换，家长引导宝宝把纱巾盖在家长头上并发问，进行互动。
7. 教师引导家长和宝宝用纱巾和动物手偶进行互动游戏，一方藏手偶并回答，另一方问问题。
8. 活动自然结束，家长引导宝宝将纱巾和手偶送回到教师指定的地方。

给家长的话

在刚开始接触问答游戏时，有些宝宝进入得会比较慢，家长可以和宝宝一起说。宝宝喜欢模仿，每次说完“快出来，快出来”的时候都会有意想不到的惊喜，自然会对说“快出来、快出来”感兴趣。这个年龄的宝宝处于语言爆发期，家长可选择一些有重复语言的图画书与宝宝共读。

给教师的建议

教师可以利用不同的盒子或袋子装上不同物品，每说一次“快出来，快出来”就打开一个盒子让宝宝看里面的东西。因为好奇和惊喜，宝宝一定会把这作为一种口令，也愿意说“快出来，快出来”。教师也可以变换其他不同的形式，提升宝宝听辨和与人交流的能力。

休息时间：播放轻音乐

幼儿喝水、如厕，教师面向集体分享育儿方法或与个别家长做沟通反馈。

运动时光　挑战大龙球1

活动目标

1. 促进触觉神经的发展。
2. 体验排队进行游戏的规则。

活动准备

实物：大龙球每人一个，软垫十二块。

活动过程

1. 热身活动。

   教师将大龙球散放于教室场地中，宝宝与家长进入场地后可自由选择一个大龙球玩推球的游戏，教师巡回指导。

2. 教师示范用双手交替推动大龙球向前走。

3. 教师引导宝宝在家长的帮助下推一个大龙球，跟随教师组成一队，一起推着大龙球模仿火车队列的形态向前走。教师控制行进的方向和速度。

   师："家长们在宝宝的后面进行帮助，注意不要让宝宝推球的手太高，避免挂到大龙球的上方，造成危险。"

4. 教师根据宝宝的体能情况适时暂停，并请家长与宝宝坐到教室一侧休息。然后，教师将软垫窄边与窄边连在一起，铺成一条长长的轨道。轨道铺好后，教师请宝宝推着大龙球来到轨道上，继续推大龙球，玩开火车的游戏。

5. 教师根据宝宝参与活动的情况，适时结束游戏，收起教具，并请家长和宝宝坐在原地休息。

给家长的话

大龙球对于刺激宝宝的皮肤触觉有着很好的作用，同时本次活动还增加了排队进行游戏的内容，希望可以通过活动让宝宝初步体验到简单的游戏规则，为以后适应更加复杂的游戏及游戏规则打下良好的基础。

给教师的建议

本次活动的难点在于组织宝宝排成一队推大龙球，并能持续前进，因此将规则和玩法向家长讲清楚很重要；同时还要在活动进行过程中不断地观察家长与宝宝的互动方式，及时调整课程的节奏。

舒缓放松　大龙球挤压游戏

活动准备

1. 实物：垫子每人一个，大龙球每人一个，玩具娃娃若干。
2. 推荐音乐：《摇篮曲》。

活动过程

1. 教师播放《摇篮曲》，请家长跟随教师的示范动作，用大龙球给宝宝按摩。
2. 宝宝躺在垫子上，家长用大龙球给宝宝按摩。
   家长用大龙球在宝宝脚上、腿上、肚子上、胳膊上来回滚动，在挤压过程中要与宝宝进行眼神交流，让宝宝体会挤压感，要根据宝宝的适应程度不断调整大龙球滚动的速度和挤压的力度。
3. 如果宝宝正面的皮肤都可以适应大龙球的挤压了，家长可以让宝宝趴在垫子上，用大龙球按摩宝宝的背部。
4. 按摩几遍后可以适时结束活动。

第六周

第六周课程预览

课程结构	活动流程	活动名称	时长
第一部分	趣味热身	来跳舞吧	5 分钟
	相识问好	手偶问好	5 分钟
	亲子游戏	小铃铛	15 分钟
	休息		10 分钟
第二部分	运动时光	挑战大龙球 2	20 分钟
	舒缓放松	大龙球挤压游戏	5 分钟

第一部分

趣味热身　来跳舞吧

活动过程

教师引导宝宝到指定的场地，站成一个圆圈，跟着音乐模仿教师的动作。

推荐音乐：《来跳舞》。

动作示范

1. 前奏及间奏时，跟随节奏拍手。
2. 听到“来来来，来跳舞”时，向前伸出双臂，手指并拢，掌心朝上，手指有节奏地开合，做邀请的动作。
3. 听到“宝宝妈妈来跳舞”时，手臂交叉，双手五指张开，随节奏自下而上一边抖动，一边打开双臂至身体两侧。
4. 听到“拍拍手，摇摇手”时，拍手两下，双手摇摆左右各一下。
5. 听到“抱起宝宝转一圈”时，家长手扶宝宝腋下，将宝宝抱起转一圈。

相识问好　手偶问好

活动目标

1. 能主动跟小动物问好。
2. 在问好的过程中能轮流等待。

活动准备

实物：手偶小狗（其他小动物也可以）。

活动过程

1. 教师出示手偶小狗，模仿小狗叫声并与宝宝打招呼。

   师："汪汪，汪汪，大家好，我是小狗。"

2. 教师手戴手偶小狗，走到每个宝宝面前与其问好。家长引导宝宝回答："你好，小狗。"宝宝也可以用自己的方式与手偶动物问好，如摸一摸或抱一抱等。当宝宝回应后，教师带领大家一起说"欢迎×××"，拍手欢迎宝宝的到来。

亲子游戏　小铃铛

活动目标

1. 学唱歌曲，能跟随音乐模仿教师的动作。
2. 感受歌曲的欢快。

活动准备

1. 实物：手铃每人一个，彩色圆盘三十个（也可用其他可遮盖手铃的盒子或垫布替代），小筐一个。
2. 推荐音乐：《小铃铛》。

活动过程

1. 教师出示手铃，轻轻摇晃并介绍手铃。

   师："这个乐器的名字是手铃，上面有很多小铃铛。小铃铛，摇一摇，叮叮当当真好听。"

2. 教师分发给每个宝宝一个手铃。家长引导宝宝探索手铃，尝试摇动手铃。
3. 教师播放音乐《小铃铛》，跟随音乐一边唱，一边有节奏地摇晃手铃。家长引导宝宝跟随音乐有节奏地摇晃手铃，初步感受欢快的歌曲。
4. 家长与宝宝面对面站立，在教师播放音乐《小铃铛》后，跟随音乐有节奏地摇晃手铃，为歌曲伴奏。

5. 教师出示彩色圆盘，示范藏手铃，即将手铃随意放到地面上，用彩色圆盘将其扣住。教师分发给每人一个彩色圆盘，家长引导宝宝用彩色圆盘将手铃藏好，教师将剩下的彩色圆盘随意倒扣在地面上。
6. 教师带领宝宝和家长一边拍手，一边在场地中随意走动，齐说"找，找，找手铃，找找手铃在哪里"。说完后，家长引导宝宝翻开地上的彩色圆盘，寻找手铃。宝宝找到手铃后，家长引导宝宝示意教师。当所有宝宝都找到手铃后，教师播放音乐《小铃铛》。家长与宝宝跟随音乐有节奏地摇晃手铃，为歌曲伴奏。游戏可重复两次。
7. 活动结束，教师一边清唱"小乐器回家啦"，一边走到每个宝宝面前，邀请宝宝将手铃轻放到教师的小筐中。

给家长的话

这首歌比较短，旋律比较优美，适合宝宝听。家长可以尝试选择类似的歌曲给宝宝听。宝宝喜欢能发出声音的东西，家长可以在家里准备一些这样的玩具。

给教师的建议

1. 这首歌曲只有两个乐句，比较适合宝宝学唱。宝宝熟悉歌曲后，还可以围成圆圈边走边唱。宝宝比较喜欢这种开放式的表演。

2. 在第一次使用某个乐器时，教师要注意教给宝宝取放乐器的方法，使用乐器前展示正确的演奏方法。

休息时间：播放轻音乐

幼儿喝水、如厕，教师面向集体分享育儿方法

或与个别家长做沟通反馈。

运动时光　挑战大龙球2

活动目标

1. 促进触觉神经的发展。
2. 发展前庭觉。

活动准备

实物：大龙球每人一个，软垫每人一块。

活动过程

1. 热身活动。

   教师将大龙球散放于教室场地中，宝宝与家长进入场地后可自由选择一个大龙球玩推球的游戏，教师巡回指导。
2. 教师组织宝宝在家长的帮助下推一个大龙球，跟随教师组成一队，一起推着大龙球模仿火车队列的形态向前走。教师控制行进的方向和速度。
3. 在场地中走完两圈后，教师请家长陪同宝宝原地休息，同时发给每人一块软垫。
4. 教师请家长将软垫排列整齐，然后请家长和宝宝趴在软垫上。教师推着大龙球从第一个人开始，依次从每一个人后背上慢慢滚过，进行挤压游戏。当大龙球滚到宝宝后背上时，可以稍作停留，增加挤压时间。如果宝宝不适，就加快通过。
5. 教师用大龙球进行挤压游戏时，可以每次变换不同的挤压部位，如从宝宝的腿上、屁股上、脚上滚过。此游戏可反复进行。

6. 教师根据宝宝参与活动的情况，适时结束游戏，收起教具，并请家长和宝宝坐在原地休息。

给家长的话

大龙球在宝宝身上滚动，可以刺激各部位的触觉神经，发展宝宝的大脑。

给教师的建议

为了预防宝宝害怕，教师可让宝宝和家长一起躺在软垫上感受大龙球滚压的感觉；如果宝宝还是抵触，提醒家长不要强求宝宝，陪宝宝玩他喜欢的动作即可，帮助宝宝建立与大龙球之间的安全感。对敏感度较强的宝宝，压背部（趴卧）比压腹部（仰躺）更容易让他们接受。

舒缓放松　大龙球挤压游戏

活动准备

1. 实物：垫子每人一个，大龙球每人一个，玩具娃娃若干。
2. 推荐音乐：《摇篮曲》。

活动过程

1. 教师播放《摇篮曲》，请家长跟随教师的示范动作，用大龙球给宝宝按摩。
2. 宝宝躺在垫子上，家长用大龙球给宝宝按摩。
   家长用大龙球在宝宝脚上、腿上、肚子上、胳膊上来回滚动，在挤压过程中要与宝宝进行眼神交流，让宝宝体会挤压感，要根据宝宝的适应程度不断调整大龙球滚动的速度和挤压的力度。
3. 如果宝宝正面的皮肤都可以适应大龙球的挤压了，家长可以让宝宝趴在垫子上，用大龙球按摩宝宝的背部。
4. 按摩几遍后可以适时结束活动。

第七周

第七周课程预览

课程结构	活动流程	活动名称	时长
第一部分	趣味热身	来跳舞吧	5 分钟
	相识问好	手偶问好	5 分钟
	亲子游戏	落叶	5 分钟
		树叶拓印	10 分钟
休息			10 分钟
第二部分	运动时光	坐小船	20 分钟
	舒缓放松	大龙球挤压游戏	5 分钟

第一部分

趣味热身　来跳舞吧

活动过程

教师引导宝宝到指定的场地，站成一个圆圈，跟着音乐模仿教师的动作。

推荐音乐：《来跳舞》。

动作示范

1. 前奏及间奏时，跟随节奏拍手。
2. 听到“来来来，来跳舞”时，向前伸出双臂，手指并拢，掌心朝上，手指有节奏地开合，做邀请的动作。
3. 听到“宝宝妈妈来跳舞”时，手臂交叉，双手五指张开，随节奏自下而上一边抖动，一边打开双臂至身体两侧。
4. 听到“拍拍手，摇摇手”时，拍手两下，双手摇摆左右各一下。
5. 听到“抱起宝宝转一圈”时，家长手扶宝宝腋下，将宝宝抱起转一圈。

相识问好　手偶问好

活动目标

1. 能主动跟小动物问好。
2. 在问好的过程中能轮流等待。

活动准备

实物：手偶小狗（其他小动物也可以）。

活动过程

1. 教师出示手偶小狗，模仿小狗叫声并与宝宝打招呼。

   师："汪汪，汪汪，大家好，我是小狗。"

2. 教师手戴手偶小狗，走到每个宝宝面前与其问好。家长引导宝宝回答："你好，小狗。"宝宝也可以用自己的方式与手偶动物问好，如摸一摸或抱一抱等。当宝宝回应后，教师带领大家一起说"欢迎×××"，拍手欢迎宝宝的到来。

亲子游戏 1　落叶

活动目标

1. 学说儿歌，能模仿教师做动作。
2. 喜欢秋天，乐于参与亲子游戏。

活动准备

1. 实物：枫叶一筐。
2. 推荐音乐：《落叶》。

活动过程

1. 家长、宝宝与教师围坐成一圈。教师一边朗读儿歌《秋风吹》，一边做相应动作。家长引导宝宝模仿教师动作。儿歌可重复两到三遍。

   师："秋天到了，宝宝在户外玩耍时看到树叶变成什么颜色了呀？风吹的时候，你看到了什么？我们伸出小手，学树枝摇动的样子，一起学儿歌啦！"

   师："秋风吹，树枝摇（双手上举左右摆动），红叶黄叶往下掉（双臂分开，双手边左右转动边往下落）。红树叶，黄树叶（左手上举转一次，右手上举转一次），片片飞来像蝴蝶（双臂打开模仿蝴蝶飞）。”

2. 教师播放音乐《落叶》后，出示枫叶，并捧起大把枫叶用力向上抛。家长引导宝宝观看枫叶从空中飘落下来的样子。然后宝宝和家长模仿教师捧起大把枫叶向上抛，一起玩抛树叶的游戏。

师：“飘飘荡荡，树叶轻轻飘落地上，飘到你的头上，飘到我的头上。我们一起来玩抛树叶的游戏啦！家长抛树叶的时候，可以多在宝宝头顶上方抛，让宝宝能看到大量树叶飘落下来的样子，给宝宝一个视觉上的冲击。宝宝们，我们一起捧一把树叶，一、二、三，向上抛！”

3. 教师引导宝宝和家长一起捡枫叶，将地上的枫叶捡到小筐中。

4. 活动自然结束。

给家长的话

今天我们以“秋风和秋叶”为主题开展活动，让宝宝在游戏中感知秋天的季节特征。儿歌的学习，重点在于重复，不断重复才能让宝宝将其转化为自己的经验。儿歌、手指谣、童谣等都可以帮助宝宝学习书面语言，家长在平时一定要多与宝宝互动复习。

给教师的建议

大自然是课程取之不尽的资源，有很多内容可以设计成课程，教师一定多思考。另外，自然物也是非常重要的教具。今天的活动就可以让家长和宝宝在来的路上一起捡树叶并带过来，这样更能加深宝宝对秋天的感知。

亲子游戏2　树叶拓印

活动目标

1. 体验拓印的作画方式。

2. 感受秋天的色彩。

活动准备

1. 实物：画有树干的长卷轴纸每人半米，多种干净树叶（户外采集的枫叶、梧桐叶、杨树叶、银杏叶、柿树叶等）每人一份，板刷每人一个，三格颜料盘，颜料（红黄蓝三色），抹布，罩衣等。
2. 推荐音乐：《落叶》。

活动过程

1. 家长带宝宝调整位置。宝宝坐在家长的怀里，观看教师示范作画。教师出示干净树叶及画纸等材料和工具，示范树叶拓印作画，即在树叶有叶脉的一面用板刷蘸取红色颜料进行涂色，然后拓印到卷轴纸上，用力压一压，拿起树叶，让宝宝观察画纸上留下的叶脉纹理。教师换颜色和树叶进行拓印，简单示范，请宝宝和家长欣赏作品，引起宝宝的作画兴趣。
2. 家长协助宝宝穿戴罩衣，引导宝宝找到位置，开始拓印作画。教师观察宝宝作画情况及家长引导宝宝的情况，适时给予指导。

   师："在作画过程中，重点是让宝宝感受色彩涂鸦的乐趣。当不同颜色混到一起时，家长可引导宝宝观察混色现象。"
3. 作品完成后，教师引导宝宝和家长欣赏整幅作品。
4. 活动结束，家长协助宝宝脱掉罩衣并洗手。

给家长的话

在美术活动中，一定要让宝宝用自己喜欢的方式探索色彩。他们可以用叶子，也可以用刷子；条件允许时，甚至可以用手、脚来体验颜色涂鸦的乐趣。这个年龄的宝宝，喜欢不停地重复动作，甚至会出现在一个地方重复到把画纸戳破的情况，但对画面没有太多感觉。不要强迫他们，一定要让他们得到动作上的满足。

给教师的建议

作为美术活动的延伸，可以让宝宝自己捡树叶，洗干净，压平，然后做树叶拓印活动，也可以做手掌印画的活动。

休息时间：播放轻音乐

幼儿喝水、如厕，教师面向集体分享育儿方法

或与个别家长做沟通反馈。

第二部分

运动时光　坐小船

活动目标

1. 发展前庭平衡觉。
2. 体验亲子游戏的乐趣。

活动准备

1. 实物：自制布袋每人一个（大浴巾两头打结，让幼儿坐在里面），小鱼、小虾模型若干，玩具娃娃一个。
2. 推荐音乐：《库企企》。

活动过程

1. 热身活动。

教师、家长与宝宝站成一个大圆圈。在教师的带领下，家长与宝宝跟随《库企企》的音乐节奏按逆时针方向慢跑。当听到“库、库、库企

企”时，家长迅速托住宝宝的腋下，将他抱起，左右摇晃；当“库、库、库企企”的声音结束时，家长将他放下，继续按逆时针方向慢跑，直至音乐完全结束为止。

2. 热身活动结束后，教师发给每个宝宝一个自制布袋，并用玩具娃娃示范游戏玩法。

师：“今天我们要跟爸爸妈妈一起坐小船啦。请家长把宝宝抱进布袋里。宝宝背对着家长坐在布袋中间，双手抓住布袋两侧。家长双手抓着布袋的一端，开始向前慢慢拖动布袋，速度由慢到快。”

3. 教师可提示对游戏适应较好的宝宝的家长在向前拖动小船的过程中增加晃动的频率；提示对游戏不适应的宝宝可面朝家长，并请家长适当降低难度。注意面朝家长时需宝宝用自身腰腹力量抬起上身，家长要控制好速度，保护宝宝安全。对于不敢坐小船的宝宝，可引导家长在小船里放一个小娃娃，或者是毛绒玩具，由宝宝拖动小船也可以。

4. 教师在场地中撒一些小鱼、小虾模型。家长拖动小船向前滑动，鼓励宝宝看到时把小鱼或小虾捞到船舱里，增加宝宝的兴趣。

5. 游戏可反复进行，直到所有的小鱼、小虾模型都被捞完为止。

6. 活动结束后，教师收起教具，并请家长和宝宝坐在原地休息。

给家长的话

1. 此游戏是针对宝宝前庭觉的训练。前庭觉是一切平衡能力的基础。如果宝宝在玩此游戏时存在障碍，家长可适当关注对此方面能力的训练。

2. 家长在家里或小区空旷的场地可用浴巾或者单人床单玩此游戏；也可在浴巾上放个小娃娃，家长和宝宝轻轻左右摇晃。内容可变成摇篮曲，哄宝宝睡觉；还可以玩藏猫猫的游戏，避免宝宝害怕黑。

给教师的建议

此游戏还可延伸为家长拖动小船带宝宝到场地另一端，让宝宝取回球、花、小动物玩具等物品。

舒缓放松　大龙球挤压游戏

活动准备

1. 实物：垫子每人一个，大龙球每人一个，玩具娃娃若干。
2. 推荐音乐：《摇篮曲》。

活动过程

1. 教师播放《摇篮曲》，请家长跟随教师的示范动作，用大龙球给宝宝按摩。
2. 宝宝躺在垫子上，家长用大龙球给宝宝按摩。
   家长用大龙球在宝宝脚上、腿上、肚子上、胳膊上来回滚动，在挤压过程中要与宝宝进行眼神交流，让宝宝体会挤压感，要根据宝宝的适应程度不断调整大龙球滚动的速度和挤压的力度。
3. 如果宝宝正面的皮肤都可以适应大龙球的挤压了，家长可以让宝宝趴在垫子上，用大龙球按摩宝宝的背部。
4. 按摩几遍后可以适时结束活动。

第八周

第八周课程预览

课程结构	活动流程	活动名称	时长
第一部分	趣味热身	来跳舞吧	5分钟
	相识问好	手偶问好	5分钟
	亲子游戏	学小动物叫	5分钟
		远近游戏	10分钟
	休息		10分钟
第二部分	运动时光	彩虹伞游戏	20分钟
	舒缓放松	大龙球挤压游戏	5分钟

第一部分

趣味热身　来跳舞吧

活动过程

教师引导宝宝到指定的场地，站成一个圆圈，跟着音乐模仿教师的动作。

推荐音乐：《来跳舞》。

动作示范

1. 前奏及间奏时，跟随节奏拍手。
2. 听到“来来来，来跳舞”时，向前伸出双臂，手指并拢，掌心朝上，手指有节奏地开合，做邀请的动作。
3. 听到“宝宝妈妈来跳舞”时，手臂交叉，双手五指张开，随节奏自下而上一边抖动，一边打开双臂至身体两侧。
4. 听到“拍拍手，摇摇手”时，拍手两下，双手摇摆左右各一下。
5. 听到“抱起宝宝转一圈”时，家长手扶宝宝腋下，将宝宝抱起转一圈。

相识问好　手偶问好

活动目标

1. 能主动跟小动物问好。
2. 在问好的过程中能轮流等待。

活动准备

实物：手偶小狗（其他小动物也可以）。

活动过程

1. 教师出示手偶小狗，模仿小狗叫声并与宝宝打招呼。

师："汪汪，汪汪，大家好，我是小狗。"

2. 教师手戴手偶小狗，走到每个宝宝面前与其问好。家长引导宝宝回答："你好，小狗。"宝宝也可以用自己的方式与手偶动物问好，如摸一摸或抱一抱等。当宝宝回应后，教师带领大家一起说"欢迎×××"，拍手欢迎宝宝的到来。

亲子游戏 1　学小动物叫

活动目标

1. 初步学说儿歌，能模仿常见小动物的叫声和走路姿势。
2. 发展语言能力。

活动准备

实物：动物手偶（猫、狗、鸡、鸭）每人一套，动物图片（猫、狗、鸡、鸭）每人一套。

活动过程

1. 教师模仿动物的叫声，请宝宝猜猜是哪几种小动物；出示动物手偶，引导宝宝和小动物打招呼："你好，小猫。"然后请宝宝模仿这种小动物的叫声。
2. 教师口述儿歌《小动物叫》，并用手偶进行简单表演。家长引导宝宝观看和倾听。
3. 教师口述儿歌《小动物叫》，并做相应动物的简单动作。家长引导宝宝模仿教师的动作，尝试跟随教师一起说儿歌。

师："我是好宝宝，我会学小猫，喵喵喵。我是好宝宝，我会学小狗，汪汪汪。我是好宝宝，我会学小鸡，叽叽叽。我是好宝宝，我会学小鸭，嘎嘎嘎。”

4. 家长与宝宝面对面坐好，教师分发给每个家庭一套动物图片。家长引导宝宝指认图片上的小动物，然后让宝宝任选一张图片。家长说儿歌前两小句“我是好宝宝，我会学××”，宝宝来模仿相应小动物的叫声。
5. 请宝宝将图片送回到教师手中，然后宝宝和家长站立起来，在教师引导下一边说儿歌，一边模仿小动物走路。
6. 换成其他小动物，一起创编儿歌并学说。
7. 活动自然结束。

给家长的话

这是一首特别简单的韵律儿歌，宝宝很喜欢模仿。宝宝熟悉后，家长还可以引导宝宝创编，模仿其他小动物。在生活中，家长要多和宝宝交流，为宝宝创造说话的机会；在宝宝能说出简单的字句时，应及时给予表扬，激发宝宝说话的愿望。

给教师的建议

开始时教师可以播放小动物叫声的录音，让宝宝猜是什么小动物，提高宝宝的听辨能力。

亲子游戏2 远近游戏

活动目标

1. 能够分辨音乐中AB段的不同。
2. 感受参与集体互动的快乐。

活动准备

1. 实物：木质沙锤每人一对，四铃板镲每人一个，彩虹伞（直径三米）

一个。

2. 推荐音乐：《高人矮人》。

活动过程

1. 教师请两名助理教师协助。一名助理教师拿四铃板镲站在远处并摇动四铃板擦，教师询问家长及宝宝："你听到乐器的声音了吗？哪个声音远，哪个声音近呢？"然后另一名助理教师手拿木质沙锤站在宝宝和家长附近，并摇晃手中的沙锤，教师询问相同问题。在游戏过程中，教师引导宝宝用"远处"和"近处"来区分声音。游戏可重复两三遍。

   师："今天我为宝宝们带来了两种不同的声音，请你们仔细听。你们听到乐器的声音了吗？哪个声音远，哪个声音近呢？"

2. 教师邀请宝宝上前领取乐器沙锤和四铃板镲。家长引导宝宝探索两种乐器。

3. 教师请一名助理教师在远处摇动四铃板镲，家长引导宝宝听到声音后，在两种乐器中找到相同的乐器，并使它发出声音；用相同方法，请另一名助理教师在近处摇动沙锤，家长引导宝宝听到声音后找出相同乐器，并摇动它。

4. 教师播放音乐《高人矮人》，并用夸张的声音或动作表现音乐。家长引导宝宝模仿教师的动作，并尝试发现乐段的不同。

5. 教师组织家长与宝宝进行远近游戏。教师播放音乐《高人矮人》。当A段音乐响起时，家长引导宝宝与教师一起向场地四周跑，跑到场地边缘后，摇动板镲；当B段音乐响起时，家长引导宝宝跟随教师向场地中间聚拢，到场地中间聚拢后宝宝摇动沙锤（在游戏过程中，家长协助宝宝拿另外一种乐器）。

6. 教师出示彩虹伞，引导宝宝和家长双手握住彩虹伞边缘，然后听教师指令：彩虹伞变小。宝宝和家长握住彩虹伞边缘的双手慢慢向中间继续抓握，彩虹伞逐渐变小，宝宝之间的距离变小。教师发出指令：彩虹伞变大。宝宝和家长慢慢放出彩虹伞，直至彩虹伞变最大，宝宝之间的距离变大。教师可变换速度，引导宝宝多次进行游戏。

7. 教师播放音乐《高人矮人》。当高音（A段音乐）出现时，家长与宝宝将彩虹伞变大；当低音（B段音乐）出现时，家长与宝宝将彩虹伞变小。
8. 活动结束，宝宝和家长在教师数“一、二、三”后松开双手。教师迅速将彩虹伞收回。

给家长的话

音乐活动除了让宝宝感受音乐的节奏之外，还可以让宝宝有不同的收获。《高人矮人》这首音乐有非常明显的高低音两个部分。高低音除了在听觉上有变化，还会让人在空间上、情绪上有不同的变化。在本次活动中，我们通过空间的变化，让宝宝感受高低音的变化，辨别音乐中的AB段。

给教师的建议

在奥尔夫音乐中，我们经常会进行节奏、节拍等的练习。在本次活动中，我们用高低音的音乐完成了一次好玩的音乐空间游戏，通过空间的变化来表达音乐中的高低音，让宝宝更愿意参与到活动中。在游戏中，宝宝在向四周跑和向中间聚拢的环节非常兴奋。在宝宝极度兴奋的时候，教师一定要提醒家长注意宝宝的安全。最后的彩虹伞游戏也是活动中的一个高潮，将彩虹伞打开比较容易，但是将彩虹伞变小、收拢，对于宝宝来说具有一定难度。教师在这个环节需要稍作说明，并利用家长的帮助，让活动顺利进行。

休息时间：播放轻音乐

幼儿喝水、如厕，教师面向集体分享育儿方法

或与个别家长做沟通反馈。

运动时光　彩虹伞游戏

活动目标

1. 发展前庭觉。
2. 体验集体游戏的乐趣。

活动准备

实物：彩虹伞一个。

活动过程

1. 热身活动：伞上游戏——“找颜色”。

教师将彩虹伞完全展开，平铺于场地内，并邀请宝宝及家长站到彩虹伞上来，按逆时针方向行走，边走边说儿歌，根据歌词内容引导宝宝寻找不同的颜色。此游戏可反复进行。

附儿歌：

彩虹伞，真好看，找一找××颜色在哪里。

2. 游戏：彩色大波浪。

教师请家长和宝宝靠近彩虹伞，一起蹲下来抓住彩虹伞的边缘，并开始轻轻抖动。当教师发出口令“起大风了”后，家长和宝宝加大力抖动伞（伞面出现大波浪）；当教师说“风小啦”后，家长和宝宝减小力度，轻轻抖动彩虹伞（伞面出现小波浪）。

在此游戏反复几次后，教师引导宝宝爬到彩虹伞上。家长在教师的引导下不停变换彩虹伞抖动的速度。宝宝在彩虹伞上爬，感受波浪的变化。

3. 游戏：五彩大转盘。

教师请宝宝坐在彩虹伞上，坐的位置尽量靠近伞中央。家长抓住伞边缘，并尽量向后向下压伞，按逆时针的方向缓慢转动；待宝宝适应后，可以逐渐增加旋转的速度。教师可以带领家长一起边转边说儿歌。

附儿歌：

彩虹伞，真漂亮。
我在里面做游戏。
爬一爬，走一走。
小转椅，转一转。
向左转，向右转。
哈哈哈，真有趣。

4. 教师根据宝宝参与活动的情况，适时结束游戏，收起教具，并请家长和宝宝坐在原地休息。

给家长的话

彩虹伞游戏通过空间上的颜色变化，训练宝宝的颜色辨别能力，发展宝宝的前庭觉，让宝宝认识1—3种颜色。如果有的宝宝不敢坐在伞内，家长不要强迫宝宝，可先让宝宝站在旁边观看，直到宝宝自己想参与。

给教师的建议

彩虹伞的玩法很多，但是目标大部分与发展前庭觉、培养集体游戏意识相关，因此教师可以根据这个教具的目标进行活动创设，丰富彩虹伞游戏的玩法。

舒缓放松　大龙球挤压游戏

活动准备

1. 实物：垫子每人一个，大龙球每人一个，玩具娃娃若干。
2. 推荐音乐：《摇篮曲》。

活动过程

1. 教师播放《摇篮曲》，请家长跟随教师的示范动作，用大龙球给宝宝按摩。
2. 宝宝躺在垫子上，家长用大龙球给宝宝按摩。
   家长用大龙球在宝宝脚上、腿上、肚子上、胳膊上来回滚动，在挤压过程中要与宝宝进行眼神交流，让宝宝体会挤压感，要根据宝宝的适应程度不断调整大龙球滚动的速度和挤压的力度。
3. 如果宝宝正面的皮肤都可以适应大龙球的挤压了，家长可以让宝宝趴在垫子上，用大龙球按摩宝宝的背部。
4. 按摩几遍后可以适时结束活动。

第九周

第九周课程预览

课程结构	活动流程	活动名称	时　长
第一部分	趣味热身	身体音阶歌	5 分钟
	相识问好	拍铃鼓	5 分钟
	亲子游戏	小木马	15 分钟
	休　　息		10 分钟
第二部分	运动时光	爬垫子	20 分钟
	舒缓放松	摇篮曲	5 分钟

第一部分

趣味热身　身体音阶歌

活动过程

教师引导宝宝到指定场地，站成一个圆圈，跟着音乐模仿教师的动作。

推荐音乐：《身体音阶歌》。

动作示范

1. 前奏和间奏时，有节奏地拍手。
2. 听到“预备开始”时，蹲下，双手放到脚背上做准备。
3. 听到“摸摸你的小脚，do do do do……摸摸你的双腿，mi mi mi mi”时，双手跟随节奏轻拍相应的身体部位，如小脚、膝盖、双腿。
4. 听到“叉叉你的小腰，fa fa fa fa……高举你的双手，do do do do”时，根据歌词内容有节奏地做相应的动作，如叉腰、拍手、拍肩膀、摸脑袋、举手等。
5. 听到“do re mi fa sol la si do（高音）”时，身体弯腰下蹲，双手握拳，自下而上转动至头顶上方。
6. 听到“do（高音）si la sol fa mi re do”时，双手握拳，自上而下转动。
7. 听到低音“do”时，双手放脚上；听到高音“do”时，身体向上跳，双手奋力上举。

相识问好　拍铃鼓

活动目标

1. 听到自己的名字后能够勇敢与教师互动。
2. 喜欢参与问好环节。

活动准备

实物：铃鼓一个。

活动过程

1. 家长、宝宝与教师围坐成圆圈。教师出示铃鼓并拍击铃鼓，引起宝宝的兴趣。

   师："小铃鼓，咚咚响，谁想试着拍一拍？"

2. 教师依次喊宝宝的名字，邀请其上前拍击铃鼓。宝宝上前拍击教师手中的铃鼓，然后转身面向大家，挥手说"大家好"。如果宝宝不愿上前，家长可陪同宝宝上前或教师走到宝宝面前。

亲子游戏　小木马

活动目标

1. 在活动中感知音乐节奏。
2. 体验音乐游戏带来的快乐。

活动准备

1. 实物：彩虹绳一条，图画书《小白马》一本，玩具娃娃。
2. 推荐音乐：《小木马》。

活动过程

1. 教师出示图画书《小白马》，请家长带宝宝调整位置，围坐在教师对面，让宝宝坐在家长的怀里，安静欣赏图画书。教师有感情地讲述图画书《小白马》。

师："今天我带来了一本图画书《小白马》和大家一起分享，请家长带宝宝坐到我的对面，保证每个宝宝都能清楚地看到。"

2. 家长带宝宝调整位置，左右有一定间距，与教师围坐成圆圈，让宝宝坐在家长的腿上。

3. 教师出示玩具娃娃，双手扶住娃娃腋下，将娃娃放在腿上，一边清唱歌曲《小木马》，一边随歌曲节奏上下晃动双腿。家长模仿教师动作，手扶宝宝腋下，随歌曲节奏上下晃动双腿。教师唱完一个乐段后，家长抱着宝宝向后仰翻，后背贴地面，双腿翘起，让宝宝感受游戏的快乐。

师："我今天抱来了我的娃娃和宝宝们一起玩游戏。什么游戏呢？是娃娃最爱的小木马游戏。请家长像我一样，手扶宝宝腋下，让宝宝坐在您的腿上，上下晃动双腿。'小木马，真是好，真是好。不喝水，不吃草，不吃草。嘚儿驾、嘚儿驾、快快跑！嘚儿驾、嘚儿驾、快快跑！嘚儿驾、嘚儿驾、嘚儿驾、嘚儿驾、快快跑！嘚儿驾！'（往后仰）"

4. 教师播放音乐《小木马》后，家长跟随音乐有节奏地上下晃动双腿。听到教师说"嘚儿驾"时，家长抱着宝宝向后仰翻，然后起身继续跟随音乐晃动双腿。

5. 教师出示彩虹绳，邀请宝宝和家长双手握住彩虹绳。家长的手握在宝宝的手的两边，宝宝坐在家长的前面或怀里。教师播放音乐《小木马》后，家长和宝宝跟随音乐有节奏地上下晃动彩虹绳。听到教师说"嘚儿驾"时，家长和宝宝用力拉彩虹绳，向后仰翻，然后起身继续跟随音乐有节奏地晃动彩虹绳。

6. 教师请家长和宝宝起身站立，握住彩虹绳，然后围成圆圈站好。教师发出指令，请宝宝和家长拉好彩虹绳，通过慢慢后退、快快跑到中间等玩彩虹绳游戏。

7. 教师播放音乐《小木马》。家长和宝宝跟随音乐及教师的引导一边有节奏地晃动彩虹绳，一边慢慢后退、转圈走动等。当听到教师说"嘚儿驾”时，正好彩虹绳围成的圈最大，然后家长和宝宝拉住彩虹绳快快跑到中间；彩虹绳围成的圈变最小后，家长和宝宝继续有节奏地晃动彩虹绳后退或转身前进等。

8. 活动结束，家长与宝宝松开双手，教师收整彩虹绳。

给家长的话

这是一个亲子互动游戏，宝宝喜欢坐在家人身上被晃动的感觉，特别是向后仰的一刹那，会特别惊喜。在彩虹绳的游戏中，家长一定要保护好宝宝，以免宝宝发生危险。不要用彩虹绳挡住宝宝的脸，拉着彩虹绳向外走、向里走的时候速度要慢。

给教师的建议

1. 对于害怕的宝宝，教师可让其面对面坐在家长腿上玩游戏。这样既减少了宝宝的恐惧感，也能看到对方的表情，互相之间有眼神的交流。

2. 教师可以运用讲一个有关小马的故事或玩一个有关小马的游戏来导入。

休息时间：播放轻音乐

幼儿喝水、如厕，教师面向集体分享育儿方法

或与个别家长做沟通反馈。

第二部分

运动时光　爬垫子

活动目标

1. 锻炼爬行能力。
2. 发展身体协调能力。

活动准备

实物：软垫八块，圆墩子六个，万象组合一套，拱形门两个。

活动过程

1. 热身活动。

教师、家长与宝宝站成一个大圆圈。在教师的带领下，家长与宝宝跟随《库企企》的音乐节奏按逆时针方向慢跑。当听到“库、库、库企企”时，家长迅速托住宝宝的腋下，将他抱起，左右摇晃；当“库、库、库企企”的声音结束时，家长将宝宝放下，继续按逆时针方向慢跑，直至音乐完全结束为止。

2. 热身活动结束，教师请家长带领宝宝坐到教室一侧休息。教师在场地中用四块软垫的窄边与窄边相连摆成一条直线形道路，一共摆两条。
3. 摆好后，教师请家长鼓励宝宝在软垫上爬一爬。

师：“如果宝宝已经很熟悉这个爬行的游戏了，家长可以鼓励宝宝快速爬过去，以此来增加宝宝的运动量，发展肌肉力量。”

4. 待所有宝宝都爬过几次后，教师逐步将圆墩子、万象组合、拱形门等教具添加到软垫上，增加宝宝的兴趣，提升爬行的难度；同时，引导家长不断用语言鼓励宝宝。

5. 教师根据宝宝参与活动的情况，适时结束游戏，收起教具，并请家长和宝宝坐在原地休息。

给家长的话

家长在活动中应该鼓励宝宝大胆地进行钻爬活动。这样的钻爬练习能够促进宝宝身体协调能力的发展以及四肢肌肉力量的增强。

给教师的建议

教师在设计体育活动时应遵从重复性、递进性等原则。本次活动在爬行活动的基础上，增加了万象组合、拱形门等辅助工具，帮助宝宝们增强钻、爬能力。

舒缓放松　摇篮曲

活动准备

1. 实物：玩具娃娃一个。
2. 推荐音乐：《摇篮曲》。

活动过程

1. 教师示范，将玩具娃娃抱在怀里，跟随音乐轻轻哼唱《摇篮曲》。
2. 家长按照教师示范的方式将宝宝抱在怀里，跟随音乐节奏轻摇宝宝或给宝宝做按摩。家长也可以跟随教师小声哼唱，尽量让宝宝听到自己的声音。
3. 待宝宝完全放松后，活动结束。

10

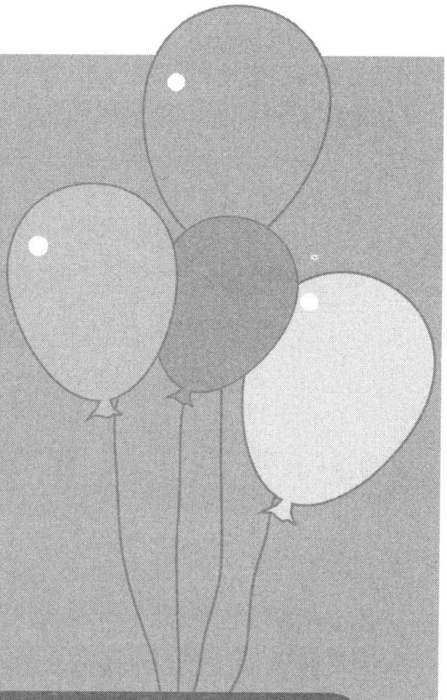

第十周

第十周课程预览

课程结构	活动流程	活动名称	时长
第一部分	趣味热身	身体音阶歌	5分钟
	相识问好	拍铃鼓	5分钟
	亲子游戏	猜猜谁出场	15分钟
	休息		10分钟
第二部分	运动时光	小乌龟运海洋球	20分钟
	舒缓放松	摇篮曲	5分钟

第一部分

趣味热身　身体音阶歌

活动过程

教师引导宝宝到指定场地，站成一个圆圈，跟着音乐模仿教师的动作。

推荐音乐:《身体音阶歌》。

动作示范

1. 前奏和间奏时，有节奏地拍手。
2. 听到“预备开始”时，蹲下，双手放到脚背上做准备。
3. 听到“摸摸你的小脚，do do do do……摸摸你的双腿，mi mi mi mi”时，双手跟随节奏轻拍相应的身体部位，如小脚、膝盖、双腿。
4. 听到“叉叉你的小腰，fa fa fa fa……高举你的双手，do do do do”时，根据歌词内容有节奏地做相应的动作，如叉腰、拍手、拍肩膀、摸脑袋、举手等。
5. 听到“do re mi fa sol la si do（高音）”时，身体弯腰下蹲，双手握拳，自下而上转动至头顶上方。
6. 听到“do（高音）si la sol fa mi re do”时，双手握拳，自上而下转动。
7. 听到低音“do”时，双手放脚上；听到高音“do”时，身体向上跳，双手奋力上举。

相识问好　拍铃鼓

活动目标

1. 听到自己的名字后能够勇敢与教师互动。
2. 喜欢参与问好环节。

活动准备

实物：铃鼓一个。

活动过程

1. 家长、宝宝与教师围坐成圆圈。教师出示铃鼓并拍击铃鼓，引起宝宝的兴趣。

   师："小铃鼓，咚咚响，谁想试着拍一拍？"

2. 教师依次喊宝宝的名字，邀请其上前拍击铃鼓。宝宝上前拍击教师手中的铃鼓，然后转身面向大家，挥手说"大家好"。如果宝宝不愿上前，家长可陪同宝宝上前或教师走到宝宝面前。

亲子游戏　猜猜谁出场

活动目标

1. 能分辨出音乐中小动物的声音，并能自主地说出动物的名称。
2. 体验参与集体活动的快乐。

活动准备

1. 实物：图画书《我的后面是谁呢》一本，不同动物手偶各一个（小鸭、小鸡、小狗、小猫、青蛙、牛、羊），木偶剧台（可用自制小舞台代替）。
2. 推荐音乐：《猜猜谁出场》。

活动过程

1. 家长带宝宝调整位置，围坐在教师对面，安静欣赏图画书中的故事。

教师有感情地讲述图画书《我的后面是谁呢》。

师："请家长带宝宝调整位置，我们一起来欣赏图画书《我的后面是谁呢》。"

2. 教师模仿音乐《猜猜谁出场》中出现的小动物叫声并提问，宝宝和家长回答动物名称，教师出示相应动物手偶与宝宝打招呼。在教师模仿动物叫声前，家长要引导宝宝一起说："动物朋友表演忙，猜猜现在谁出场。"

师："刚刚图画书里的动物一个接一个出场，你都猜对它们是谁了吗？今天我也请来了好多朋友参加我们的活动，首先出场的是'喵喵，喵喵'，宝宝听这是谁呀？"

3. 教师播放音乐《猜猜谁出场》，家长引导宝宝跟随音乐一起说"动物朋友表演忙，猜猜现在谁出场"，并在听到动物叫声后，模仿相应动物的动作。

4. 教师推出木偶剧台，请助理教师躲在木偶剧台后使用手偶进行表演。教师引导家长说出"动物朋友表演忙，猜猜现在谁出场"。助理教师从木偶剧台幕后拿出一个动物手偶与宝宝互动。教师引导宝宝说出动物手偶的名称，并与小动物打招呼。用相同的方法，在助理教师展示完所有动物手偶后，家长再次发问。助理教师拉开木偶剧台的小幕布，露出头，与宝宝和家长打招呼。

5. 活动结束，教师引导宝宝与木偶剧台说"拜拜"。

给家长的话

对于正处于语言敏感期的宝宝来说，语言活动是综合活动中非常重要的一部分，它能让宝宝在集体中勇敢表达，这也是我们希望看到的。对于宝宝来说，小动物更贴近宝宝的兴趣。所以本次活动中大量使用了动物手偶，从而引导宝宝大胆表达。

给教师的建议

本次活动需要教师运用大量语言引导。所以教师在引导的过程中，既要严谨准确，又要活泼生动，还要掌握课程活动的节奏。这非常考验教师的基本功。宝宝对教师的手偶会非常感兴趣，所以教师最后可以多准备一些手偶，让每个宝宝都能有探索手偶的机会。

休息时间：播放轻音乐

幼儿喝水、如厕，教师面向集体分享育儿方法或与个别家长做沟通反馈。

第二部分

运动时光　小乌龟运海洋球

活动目标

1. 巩固爬行能力。
2. 体验亲子游戏的乐趣。

活动材料

实物：阳光隧道一个，拱形门三个，万象组合一套，过河石八个，感统平衡木两个，海洋球池一个，海洋球若干，筐两个。

活动过程

1. 热身活动。

教师用手膝着地爬的方式在教室中自由爬行，同时邀请家长和宝宝模仿教师的动作爬行。

师："宝宝们，快来和老师一起变成小乌龟，在教室里快乐地爬一爬吧！"教师可根据观察宝宝爬行时的状态增加或缩短热身时间。

2. 热身活动结束后，教师请家长带领宝宝坐到教室一侧休息。教师在场地中布置两条道路：一条由阳光隧道、拱形门、万象组合排列而成，另一条由过河石、感统平衡木、万象组合排列而成。

3. 布置好道路后，教师请宝宝钻爬过由阳光隧道、拱形门、万象组合排列而成的"山洞"后，在海洋球池中捡起一个海洋球，再通过另一条由过河石、感统平衡木、万象组合排列而成的"小桥"，把海洋球投掷到道路尽头的空筐里。然后从道路两旁回到起点，再次去捡海洋球。此游戏可重复进行。

4. 宝宝在家长的陪同下进行游戏。教师在场地中巡回指导，观察家长与宝宝的互动方式，遇到问题及时纠正。

5. 教师根据宝宝参与活动的情况，适时结束游戏，收起教具，并请家长和宝宝坐在原地休息。

给家长的话

爬行对于宝宝来说是非常重要的一种能力。本次活动通过游戏的形式让宝宝感受爬行的乐趣，养成正确的爬行习惯。很重要的一点是，在活动中，家长要多给予宝宝语言上的鼓励。

给教师的建议

爬行训练是体力消耗比较大的一项活动，因此教师要考虑到宝宝因为累而产生的情绪波动和抗拒心理。鉴于此，在活动中加入游戏的因素就显得十分必要了。教师可以通过游戏的方式让宝宝乐在其中，从而增加训练量，达到更好的训练效果。

舒缓放松　摇篮曲

活动准备

1. 实物：玩具娃娃一个。
2. 推荐音乐：《摇篮曲》。

活动过程

1. 教师示范，将玩具娃娃抱在怀里，跟随音乐轻轻哼唱《摇篮曲》。
2. 家长按照教师示范的方式将宝宝抱在怀里，跟随音乐节奏轻摇宝宝或给宝宝做按摩。家长也可以跟随教师小声哼唱，尽量让宝宝听到自己的声音。
3. 待宝宝完全放松后，活动结束。

11

第十一周

第十一周课程预览

课程结构	活动流程	活动名称	时　长
第一部分	趣味热身	身体音阶歌	5 分钟
	相识问好	拍铃鼓	5 分钟
	亲子游戏	小老鼠上灯台	5 分钟
		摘果子	10 分钟
	休　　息		10 分钟
第二部分	运动时光	垫上游戏	20 分钟
	舒缓放松	摇篮曲	5 分钟

第一部分

趣味热身　身体音阶歌

活动过程

教师引导宝宝到指定场地，站成一个圆圈，跟着音乐模仿教师的动作。

推荐音乐：《身体音阶歌》。

动作示范

1. 前奏和间奏时，有节奏地拍手。
2. 听到“预备开始”时，蹲下，双手放到脚背上做准备。
3. 听到“摸摸你的小脚，do do do do……摸摸你的双腿，mi mi mi mi”时，双手跟随节奏轻拍相应的身体部位，如小脚、膝盖、双腿。
4. 听到“叉叉你的小腰，fa fa fa fa……高举你的双手，do do do do”时，根据歌词内容有节奏地做相应的动作，如叉腰、拍手、拍肩膀、摸脑袋、举手等。
5. 听到“do re mi fa sol la si do（高音）”时，身体弯腰下蹲，双手握拳，自下而上转动至头顶上方。
6. 听到“do（高音）si la sol fa mi re do”时，双手握拳，自上而下转动。
7. 听到低音“do”时，双手放脚上；听到高音“do”时，身体向上跳，双手奋力上举。

相识问好　拍铃鼓

活动目标

1. 听到自己的名字后能够勇敢与教师互动。
2. 喜欢参与问好环节。

活动准备

实物：铃鼓一个。

活动过程

1. 家长、宝宝与教师围坐成圆圈。教师出示铃鼓并拍击铃鼓，引起宝宝的兴趣。

   师："小铃鼓，咚咚响，谁想试着拍一拍？"

2. 教师依次喊宝宝的名字，邀请其上前拍击铃鼓。宝宝上前拍击教师手中的铃鼓，然后转身面向大家，挥手说"大家好"。如果宝宝不愿上前，家长可陪同宝宝上前或教师走到宝宝面前。

亲子游戏 1　小老鼠上灯台

活动目标

1. 理解歌曲的内容，能跟着教师做动作。
2. 体验歌曲的欢快及幽默。

活动准备

1. 实物：小老鼠手偶和小猫手偶各一个，自制灯台一个，厚垫子若干，自制台阶一个。
2. 推荐音乐：《小老鼠上灯台》。

活动过程

1. 教师出示小老鼠手偶、自制台阶和自制灯台，一边讲述小老鼠上灯台的故事，一边用手偶表演。宝宝坐在家长怀里安静欣赏。

师："今天我来讲一个小老鼠上灯台的故事：有一只小老鼠，很淘气。有一天，它肚子饿了，爬到灯台上偷吃油。这时候，猫来了，吓得老鼠叽里咕噜地滚了下来。"

2. 教师一边朗诵儿歌，一边做简单动作。家长引导宝宝模仿教师。

师："小老鼠，上灯台，偷油吃，下不来（说前两句时，两手握拳，边读歌谣，边两手交替向上爬，随着向上爬的动作，声调也逐渐升高）。叫妈妈，妈不来（张开手掌，模仿呼叫的样子）。叽里咕噜、叽里咕噜滚下来（做两手握拳、手臂在胸前相绕旋转而下的动作，表示小老鼠从高处滚下来，同时声调也逐渐变得低沉）。"

3. 教师播放音乐《小老鼠上灯台》。家长引导宝宝跟随音乐模仿教师做动作，感受歌曲的节奏。

4. 家长手扶宝宝腋下，让宝宝坐在家长的腿上。教师播放音乐《小老鼠上灯台》。家长跟随音乐有节奏地上下晃动双腿，听到"叽里咕噜"时，随音乐左右摇晃；听到"滚下来"时，双腿打开，让宝宝坐到垫子上。

5. 活动自然结束。

给家长的话

这是一个传统的歌谣游戏，包含四分音符、八分音符和十六分音符。宝宝不需要学这些概念，但通过语言和动作可以感受不同的节奏。宝宝很喜欢小老鼠一下子掉在地上带来的惊喜感觉。

给教师的建议

教师可在音乐活动结束后，直接开展儿歌《小老鼠上灯台》，可五指握拳，随着儿歌有节奏地做上楼梯的动作。最后一句做绕线动作，滚下来时拍地板。

亲子游戏2　摘果子

活动目标

1. 学习听音乐做摘果子的动作。
2. 体验摘果子游戏的乐趣。

活动准备

1. 实物：图画书《老鼠摘果子》一本，腕铃每人一对，道具大树一棵（可自制，海洋球或乒乓球若干，粘贴在道具大树上作为果子），小桶每人一个。
2. 推荐音乐：《摘果子》。

活动过程

1. 宝宝和家长围坐在教师对面，安静倾听教师讲述《老鼠摘果子》。
2. 教师示范摘果子的动作，家长引导宝宝进行模仿。

   师："秋天是果实成熟的季节，果园里的果子成熟了，我们把果子摘下来，就可以品尝到香甜的果子了。那怎么摘果子呢？宝宝看我是怎么做的。"
3. 教师播放音乐《摘果子》，家长引导宝宝跟随音乐有节奏地做摘果子的动作（准备动作为左手手心朝上放于胸前。动作分解为两拍：第一拍，右手上举手腕转动一下，模仿摘果子的样子；第二拍，右手落下拍左手一下，模仿放果子的样子）。
4. 教师出示腕铃，并分发给每人一对腕铃。家长协助宝宝将腕铃戴在手腕上，引导宝宝探索腕铃，通过做不同的动作使腕铃发出好听的声音。
5. 教师播放音乐《摘果子》，家长引导宝宝跟随节奏做摘果子的动作，教师引导宝宝尝试从上下左右不同位置摘果子。
6. 教师出示道具大树，放在场地中间，并分发给每人一个小桶，播放音乐《摘果子》。家长引导宝宝围着大树一边提着小桶走动，一边有节奏地摘果子并将其放到小桶中。
7. 活动结束，家长引导宝宝将腕铃、小桶及果子送到教师指定的地方。

给家长的话

今天的音乐活动更多以感受为主。对于宝宝来说，大人应给他更多自由发挥的空间，所以大人无须限制宝宝的动作，也不要去控制宝宝的小手。如果宝宝不做摘果子动作，大人要允许宝宝看，他们会慢慢参与到活动中。

秋季是果子成熟的季节，家长可以带宝宝到采摘园去摘各种果子，体验丰收。

给教师的建议

教师在组织音乐活动时要注意观察宝宝的表现，根据宝宝的反应，适时调节活动环节。在带宝宝学习摘果子动作时，开始节奏慢一些；在宝宝熟悉后，可以加快节奏。

休息时间：播放轻音乐

幼儿喝水、如厕，教师面向集体分享育儿方法

或与个别家长做沟通反馈。

第二部分

运动时光　垫上游戏

活动目标

1. 巩固走、跑、钻、爬的运动技能。
2. 提高对身体的控制能力。

活动准备

实物：软垫八块，报纸若干。

活动过程

1. 热身活动。

   教师用手膝着地爬的方式在教室中自由爬行，同时邀请家长和宝宝模仿教师的动作爬行。

   师："宝宝们，快来和老师一起变成小乌龟，在教室里快乐地爬一爬吧！"

   教师可根据宝宝爬行时的状态增加或缩短热身时间。

2. 热身结束，教师请家长带领宝宝坐到教室一侧休息。教师在场地中将软垫的窄边与窄边相连，铺成一条直线形道路。
3. 教师请家长带领宝宝在软垫上手膝着地爬，一个人接着一个人，进行"开火车"游戏。

   师："我们都变成火车车厢，一节连着一节，快点儿开起火车来吧！"

4. 待宝宝玩过几遍"开火车"的游戏后，教师在软垫上放上报纸，请宝宝在软垫上奔跑，遇到报纸时跨过或者双脚跳过。

5. 教师收起报纸，请家长一个挨着一个，弯腰跪在软垫上用身体搭成山洞，请宝宝从家长搭的山洞中爬过。

6. 教师根据宝宝参与活动的情况，适时结束游戏，收起教具，并请家长和宝宝坐在原地休息。

给家长的话

在活动过程中，家长要在一旁鼓励宝宝大胆行进，必要时可以给予一定的帮助。家长语言或肢体的鼓励是宝宝不断前行的动力。

给教师的建议

在一段时间后，教师应当组织一节复习课，帮助宝宝加深对之前所学知识的记忆，同时巩固练习过的内容。

舒缓放松　摇篮曲

活动准备

1. 实物：玩具娃娃一个。
2. 推荐音乐：《摇篮曲》。

活动过程

1. 教师示范，将玩具娃娃抱在怀里，跟随音乐轻轻哼唱《摇篮曲》。
2. 家长按照教师示范的方式将宝宝抱在怀里，跟随音乐节奏轻摇宝宝或给宝宝做按摩。家长也可以跟随教师小声哼唱，尽量让宝宝听到自己的声音。
3. 待宝宝完全放松后，活动结束。

第十二周

第十二周课程预览

课程结构	活动流程	活动名称	时长
第一部分	趣味热身	我们大家做得好	5分钟
	相识问好	小皮球找朋友	5分钟
	亲子游戏	大皮球，小皮球	5分钟
		滚珠画	10分钟
休　息			10分钟
第二部分	运动时光	爬一爬、拍一拍	20分钟
	舒缓放松	摇篮曲	5分钟

第一部分

趣味热身　我们大家做得好

活动过程

教师引导宝宝到指定场地，站成一个圆圈，跟随音乐及教师指令模仿教师的动作。

推荐音乐：《我们大家做得好》。

动作示范

1. 前奏和间奏时，跟随音乐有节奏地摆动双臂，身体也随之左右晃动。
2. 听到“拍拍小手点点头”时，拍手两下，然后双手叉腰，点头两下。
3. 听到“拍拍小手叉好腰”时，拍手两下，然后双手叉腰两下。
4. 听到“我把小手举起来”时，双手高举，左右摇摆各两下。
5. 听到“我们大家做得好”时，拍手三下，然后双手竖起大拇指伸向前方。
6. 听到“我把小脚向前伸”时，双手叉腰，然后右脚脚尖向前伸，点三下。
7. 听到“两脚并拢点一点”时，双脚并拢，然后脚跟点三下。
8. 听到“再用脚尖转一圈”时，抬起脚跟，用脚尖原地转一圈。

相识问好　小皮球找朋友

活动准备

实物：西瓜球一个。

活动过程

家长带宝宝与教师围圈坐好。教师出示西瓜球，然后一边双手按住西瓜球在地上前后滚动，一边说“小皮球，圆溜溜，滚来滚去找朋友”。说完后，教师将球随意滚动到其中一个宝宝面前，请拿到球的宝宝抱着球走到教师旁边，向大家问好：“大家好！我是×××。”教师引导大家拍手回应宝宝：“欢迎×××！”教师用相同方法，每次邀请一个宝宝，直至所有宝宝问好结束。

亲子游戏1　大皮球，小皮球

活动目标

1. 学唱歌曲，感受三拍节奏的特点。
2. 在推接球游戏中感受与同伴玩游戏的快乐。

活动准备

1. 实物：西瓜球每人一个，此外再多准备十个。
2. 推荐音乐：《大皮球，小皮球》。

活动过程

1. 教师一边清唱歌曲《大皮球，小皮球》，一边做相应动作；引导宝宝与家长跟随教师的范唱，模仿推球的动作，并提醒家长在强拍时做推球的动作，让宝宝熟悉歌曲的旋律和节奏。
2. 教师一边清唱歌曲，一边将西瓜球一个一个推给宝宝，直至每个宝宝都拿到球。宝宝开始自由探索，家长可引导宝宝推一推、拍一拍或滚一滚球。
3. 教师请家长与宝宝面对面坐好，然后播放音乐《大皮球，小皮球》。家长与宝宝一边跟随音乐唱歌，一边随节奏互相推球，让宝宝进一步熟悉歌曲旋律和歌词。
4. 家长带宝宝调整位置，与教师围坐成小圆圈，双腿打开，所有成人脚脚相连，宝宝坐在家长前面。教师再次投放十个球到围好的圆圈中，然后播放音乐《大皮球，小皮球》。家长引导宝宝一边跟随音乐唱歌，一边在强拍时将球推给任意宝宝，推完球后接球或在圈中找球继续推球。

5. 教师引导宝宝和家长创编歌词，并做相应动作。例如：

大皮球，小皮球，圆的皮球。滚过来滚过去，啦啦啦啦。

大皮球，小皮球，圆的皮球。跳过来跳过去，啦啦啦啦。

大皮球，小皮球，圆的皮球。拍过来拍过去，啦啦啦啦。

6. 活动结束。教师一边清唱歌曲，一边请宝宝将西瓜球送到指定的地方。

师："大皮球，小皮球，圆的皮球。滚过来滚过去，我要回家。"

给家长的话

球是宝宝非常喜欢的玩具。在音乐活动中玩球，宝宝更能直观地感受到时间、空间和力量三者的关系。在随音乐做推球的动作时，宝宝感知三拍节奏的强音。宝宝在反复推球的过程中，会感知推球的力度和球滚动的远近有直接的关系。

给教师的建议

音乐活动中，教师的歌声是最好的乐器。因为教师自己唱歌时，能够更加灵活地根据宝宝和家长的反应与喜好改编歌词；而且教师的歌声比用音箱播放音乐更能吸引宝宝的注意力。但需要注意一点，教师要用钢琴或者音准器定调，确保与歌曲的音准一致。

亲子游戏 2　滚珠画

活动目标

1. 尝试用滚动玻璃球的方法作画。

2. 感知色彩的变化，初步体验混色的乐趣。

活动准备

实物：白纸每人一张，玻璃球每人一个，小勺每人一个，小筐每人一个，盛好红、黄、蓝三色颜料的三格颜料盘每人一个，抹布每人一块，罩衣每人一件。

活动过程

1. 教师请家长带宝宝围坐在教师对面，出示玻璃球，引起宝宝的兴趣。

   师：“大球走了，来了一个小玻璃球，我们要用玻璃球来作画。”

2. 教师示范用滚珠作画，将玻璃球放在颜料盘中任意一格，用小勺翻动几下后盛出，放到铺好白纸的小筐里，然后双手握小筐两边，上下左右轻轻晃动小筐，使玻璃球滚动起来，引导宝宝观察玻璃球滚动的方向和玻璃球在白纸上留下的痕迹。当玻璃球上没有颜料时，用小勺将球舀到抹布上擦拭，然后再放到另一颜色的颜料中。教师用相同的方法，使玻璃球在白纸上留下痕迹，引导宝宝观察不同颜色混合到一起后变成什么颜色。

   师：“这是滚珠画，双手晃动小筐，使沾满颜料的小球滚动起来，白纸上就会留下各种颜色。请宝宝们看一看，红色和黄色混到一起变成什么颜色了。”

3. 教师分发给每人一件罩衣，请家长协助宝宝穿好，找到有材料的位置，引导宝宝作画。教师观察宝宝作画情况及家长与宝宝的互动情况，适时给予指导。
4. 宝宝完成作品，家长协助书写宝宝名字及日期。
5. 活动结束，家长协助宝宝脱下罩衣并洗手。

给家长的话

家长要少控制，多让宝宝尝试。引导宝宝观察小球滚动的方向和白纸上留下的痕迹，可以发展宝宝的手眼协调能力和视觉追踪能力。家长还要引导宝宝关注白纸上的混色现象，如红色和黄色混色是橙色，黄色和蓝色混色是绿色等。

给教师的建议

在操作的过程中，教师不必提醒宝宝用抹布擦干净小球后再放入另一个颜色的盘中，宝宝可以自由操作。

休息时间：播放轻音乐

幼儿喝水、如厕，教师面向集体分享育儿方法

或与个别家长做沟通反馈。

第二部分

运动时光　爬一爬、拍一拍

活动目标

1. 提升爬行能力。
2. 体验集体游戏的乐趣。

活动准备

实物：软垫八块，系有铃铛、水果、小动物模型的架子一个，彩虹接龙器材的半圆形组块一块。

活动过程

1. 热身活动。

教师用手膝着地爬的方式在教室中自由爬行，同时邀请家长和宝宝模

仿教师的动作爬行。

师："宝宝们，快来和老师一起变成小乌龟，在教室里快乐地爬一爬吧。"

教师可根据宝宝爬行时的状态增加或缩短热身时间。

2. 热身活动结束后，教师请家长带领宝宝坐到教室一侧休息。教师在场地中将软垫窄边与窄边相连，铺成一条直线形道路，在软垫尽头放上系有铃铛、水果、小动物模型的架子。
3. 教师请宝宝从软垫的起点出发，爬到终点后，站起来拍一拍水果或捏一捏小动物模型，然后从软垫旁边走回起点。
4. 在宝宝爬过几次后，教师在软垫上投放彩虹接龙器材的半圆形组块，请家长鼓励宝宝从半圆形组块的上面或下面爬过去。此游戏可反复进行。
5. 教师根据宝宝参与活动的情况，适时结束游戏，收起教具，并请家长和宝宝坐在原地休息。

给家长的话

1. 爬行是低龄宝宝最喜欢的动作之一。爬行可以增强宝宝四肢的肌肉力量，发展身体的协调性。宝宝会爬以后，他们的视野和活动范围变大，开始自己探索周围世界。爬行活动还可以促进大脑的发育，对后期各方面的发育都会有影响。

2. 家长在家可以在床上或软垫上放几个枕头，或者将被子叠成一长条，让宝宝爬过去，增加宝宝爬行的难度，促进宝宝身体的发展。

给教师的建议

自制铃铛架子一定要固定好，避免因器材的问题而伤到宝宝；还可以发挥想象力，创设出更多的关于爬行训练的游戏，丰富爬行训练的玩法。

舒缓放松 摇篮曲

活动准备

1. 实物：玩具娃娃一个。
2. 推荐音乐：《摇篮曲》。

活动过程

1. 教师示范，将玩具娃娃抱在怀里，跟随音乐轻轻哼唱《摇篮曲》。
2. 家长按照教师示范的方式将宝宝抱在怀里，跟随音乐节奏轻摇宝宝或给宝宝做按摩。家长也可以跟随教师小声哼唱，尽量让宝宝听到自己的声音。
3. 待宝宝完全放松后，活动结束。

第十三周

第十三周课程预览

课程结构	活动流程	活动名称	时长
第一部分	趣味热身	我们大家做得好	5 分钟
	相识问好	小皮球找朋友	5 分钟
	亲子游戏	数星星	5 分钟
		小星星	10 分钟
	休息		10 分钟
第二部分	运动时光	喂小猫吃鱼	20 分钟
	舒缓放松	不倒翁	5 分钟

第一部分

趣味热身　我们大家做得好

活动过程

教师引导宝宝到指定的场地，站成一个圆圈，跟随音乐及教师指令模仿教师的动作。

推荐音乐：《我们大家做得好》。

动作示范

1. 前奏和间奏时，跟随音乐有节奏地摆动双臂，身体也随之左右晃动。
2. 听到“拍拍小手点点头”时，拍手两下，然后双手叉腰，点头两下。
3. 听到“拍拍小手叉好腰”时，拍手两下，然后双手叉腰两下。
4. 听到“我把小手举起来”时，双手高举，左右摇摆各两下。
5. 听到“我们大家做得好”时，拍手三下，然后双手竖起大拇指伸向前方。
6. 听到“我把小脚向前伸”时，双手叉腰，然后右脚脚尖向前伸，点三下。
7. 听到“两脚并拢点一点”时，双脚并拢，然后脚跟点三下。
8. 听到“再用脚尖转一圈”时，抬起脚跟，用脚尖原地转一圈。

相识问好　小皮球找朋友

活动准备

实物：西瓜球一个。

活动过程

家长带宝宝与教师围圈坐好。教师出示西瓜球，然后一边双手按住西瓜球在地上前后滚动，一边说“小皮球，圆溜溜，滚来滚去找朋友”。说完后，教师将球随意滚动到其中一个宝宝面前，请拿到球的宝宝抱着球走到教师旁边，向大家问好：“大家好！我是×××。”教师引导大家拍手回应宝宝：“欢迎×××！”教师用相同方法，每次邀请一个宝宝，直至所有宝宝问好结束。

亲子游戏1 数星星

活动过程

1. 教师一边朗诵儿歌，一边做手指动作。家长引导宝宝模仿教师的动作，尝试与教师一起说儿歌。

   师：“请宝宝和我一起伸出小手，我们来数星星。竖起大拇指，这是‘一颗星’，伸出大拇指和食指，这是‘两颗星’……。”

   师：“一颗星（竖起右手大拇指），孤零零（左右各摆一下）。两颗星（同时伸出大拇指和食指），放光明（大拇指和食指捏两下）。三颗（同时伸出中指、无名指、小指）、四颗（除大拇指外，其他几个指头都要伸出来）、五颗星（伸出五指，掌心朝外），挂在天上亮晶晶（五指张开左右摇摆）。”

2. 家长和宝宝面对面坐好。教师再次重复儿歌，语速一开始要慢，后面可稍微加快。家长与宝宝面对面说儿歌，并做手指动作。
3. 教师引导宝宝和家长变换声音大小说儿歌，并做手指动作。

给家长的话

19—24个月的宝宝正处于语言发展的敏感期，他们说话的积极性很高，词汇量也在大量增加。当宝宝能够说出简单的句子时，家长可以通过游戏的方式带领宝宝说一些短小的儿歌。例如，家长说前半句，请宝宝说出后半句。

给教师的建议

教师在选择儿歌时要选择一些语句简短、有韵律感的儿歌，以便于宝宝吟诵。通过亲子游戏让家长陪着宝宝反复吟诵儿歌，可以帮助宝宝练习发音，提升语言表达能力，同时也能增进亲子感情。

亲子游戏2　小星星

活动目标

1. 学唱歌曲，并尝试用乐器为乐曲伴奏。
2. 学习正确取放乐器的规则。

活动准备

1. 实物：撞钟每人一对。
2. 推荐音乐：《小星星》。

活动过程

1. 教师双手上举，并做合拢张开动作，模仿星星眨眼睛。家长引导宝宝模仿教师的动作。

   师："我们看到天空中的星星都是什么样的呀？一闪一闪的，好像许多小眼睛。"
2. 教师一边朗诵歌词，一边根据歌词做相应动作，即双手合拢、张开，自上而下转动手腕、摆动双臂等。家长引导宝宝模仿教师做动作。
3. 教师播放音乐《小星星》。家长引导宝宝跟随音乐一边唱歌，一边模仿教师做动作。
4. 教师出示撞钟，并邀请宝宝上前来取撞钟。家长引导宝宝探索撞钟，尝试轻碰撞钟，发出声音。
5. 教师播放音乐《小星星》。家长引导宝宝跟随音乐有节奏地敲击撞钟，为歌曲伴奏。

6. 活动结束，教师清唱“小乐器，回家啦”，家长引导宝宝将撞钟送到教师指定的地方。

给家长的话

家长可以和宝宝一起敲打乐器，让宝宝感受音乐的节奏。另外，家长的带动可以提高宝宝的参与度。

给教师的建议

这首歌曲非常好听，宝宝会唱后可以用在开场音乐后复习唱歌，调动情绪。

休息时间：播放轻音乐

幼儿喝水、如厕，教师面向集体分享育儿方法

或与个别家长做沟通反馈。

第二部分

运动时光　喂小猫吃鱼

活动目标

1. 锻炼钻、爬的能力。

2. 体验亲子活动的乐趣。

活动准备

实物：软垫四块，步行运动组合一套，自制彩色房子一个，小猫头饰、小鱼玩偶若干，盆若干。

活动过程

1. 热身活动。

教师用手膝着地爬的方式在教室中自由爬行，同时邀请家长和宝宝模仿教师的动作爬行。

师："宝宝们，快来和老师一起变成小乌龟，在教室里快乐地爬一爬吧。"

教师可根据宝宝爬行时的状态增加或缩短热身时间。

2. 热身活动结束后，教师以小猫的口吻介绍活动。与此同时，助理教师在场地中用软垫、步行运动组合布置出一条道路，在道路尽头放上小鱼玩偶；在教室的一角放上自制彩色房子；在房子前放上盆，将其当作鱼盆。

师："我要邀请好多朋友来我家做客，需要去池塘里捞很多小鱼请同伴吃，我们一起去捞小鱼吧。"

3. 教师示范游戏的玩法：戴上小猫头饰，在软垫上爬行，爬上软台阶，滑下小滑梯，捞起一条小鱼从场地的一侧跑回去，把鱼放到房子前面的盆里。

4. 教师示范完后，引导家长和宝宝共同游戏。宝宝可反复进行游戏。

5. 待把所有的小鱼都放到鱼盆后，游戏结束。教师收起教具，请家长与宝宝坐在原地休息。

师："谢谢你们帮我捞了这么多小鱼，让我们一起吃吧。"

给家长的话

爬行可以增强宝宝四肢的肌肉力量，锻炼宝宝身体的协调性，提升其耐力，对日后学习语言和阅读也会产生积极的作用。在爬的过程中，宝宝慢慢学会用眼睛观察环境，思考下一步的动作，做出判断，为思维的发展奠定基础。宝宝非常喜欢在情境中进行游戏，因此在家庭中家长也可以用情境带入的方式与宝宝进行类似的游戏。

给教师的建议

本次活动中需要用到一些自制的教具。在进行自制教具创设的过程中，教师尽量选择制作贴近宝宝生活经验的教具。

舒缓放松　不倒翁

活动准备

实物：玩具娃娃一个，软垫每位家长一个。

活动过程

1. 教师盘腿坐在软垫上，面向家长与宝宝。宝宝坐在家长的怀里，家长坐在软垫上。
2. 教师示范游戏玩法：一边按摩娃娃的肩膀一边说儿歌，身体有节奏地摇动。说到“东歪歪，西歪歪”时，双手扶住娃娃腋下，身体大幅度分别向左右倾斜；说到最后一句“摇来摇去摇不倒”时，两手扶住娃娃腋下，身体快速向后躺下去，然后再坐起来。

   师：“不倒翁，翁不倒，怀里坐着小孩子。东歪歪，西歪歪，摇来摇去摇不倒。”
3. 家长模仿教师的动作，一边学说儿歌一边进行游戏。

14

第十四周

第十四周课程预览

课程结构	活动流程	活动名称	时　长
第一部分	趣味热身	我们大家做得好	5 分钟
	相识问好	小皮球找朋友	5 分钟
	亲子游戏	大狮子和小老鼠	15 分钟
	休　　息		10 分钟
第二部分	运动时光	钻山洞	20 分钟
	舒缓放松	不倒翁	5 分钟

第一部分

趣味热身　我们大家做得好

活动过程

教师引导宝宝到指定的场地，站成一个圆圈，跟随音乐及教师指令模仿教师的动作。

推荐音乐：《我们大家做得好》。

动作示范

1. 前奏和间奏时，跟随音乐有节奏地摆动双臂，身体也随之左右晃动。
2. 听到“拍拍小手点点头”时，拍手两下，然后双手叉腰，点头两下。
3. 听到“拍拍小手叉好腰”时，拍手两下，然后双手叉腰两下。
4. 听到“我把小手举起来”时，双手高举，左右摇摆各两下。
5. 听到“我们大家做得好”时，拍手三下，然后双手竖起大拇指伸向前方。
6. 听到“我把小脚向前伸”时，双手叉腰，然后右脚脚尖向前伸，点三下。
7. 听到“两脚并拢点一点”时，双脚并拢，然后脚跟点三下。
8. 听到“再用脚尖转一圈”时，抬起脚跟，用脚尖原地转一圈。

相识问好　小皮球找朋友

活动准备

实物：西瓜球一个。

活动过程

家长带宝宝与教师围圈坐好。教师出示西瓜球，然后一边双手按住西瓜球在地上前后滚动，一边说“小皮球，圆溜溜，滚来滚去找朋友”。说完后，教师将球随意滚动到其中一个宝宝面前，请拿到球的宝宝抱着球走到教师旁边，向大家问好：“大家好！我是×××。”教师引导大家拍手回应宝宝：“欢迎×××！”教师用相同方法，每次邀请一个宝宝，直至所有宝宝问好结束。

亲子游戏　大狮子和小老鼠

活动目标

1. 学说儿歌，并用肢体动作来表现儿歌。
2. 在模仿中感知大、小的概念。

活动准备

实物：图画书《大海里我最大》一本，毛绒玩具大狮子和小老鼠各一个（视觉反差要大，也可用图片代替），小筐每人一个，筐中放大小反差明显的物品四个。

活动过程

1. 家长带宝宝调整位置，围坐在教师面前，安静地倾听故事。教师有感情地讲述图画书《大海里我最大》。

   师：“请家长带宝宝调整位置，我们一起来看图画书《大海里我最大》，看看书里到底谁最大。”

2. 教师出示毛绒玩具大狮子，传递给每个宝宝抱一抱、摸一摸，最后传回到教师手中。在传递过程中，教师重复说“大狮子，大狮子，大大大”。

   师：“刚刚在图画书里我们看到了大大的大王乌贼和小小的虾米，我今天邀请了一对好朋友，它们一个是大大的，一个是小小的。我们来认识一下吧。”

3. 教师出示毛绒玩具小老鼠，传递给每个宝宝抱一抱、摸一摸，最后传回到教师手中。在传递过程中，教师重复说“小老鼠，小老鼠，小小小”。
4. 教师将毛绒玩具大狮子和小老鼠摆在面前，一边说儿歌“大狮子，大狮子，大大大。小老鼠，小老鼠，小小小”，一边指相应的毛绒玩具。多次重复后，教师请家长和宝宝尝试用肢体动作来表现大和小，并从中挑选最具代表性的动作。
5. 教师一边用夸张的语气说儿歌（重点突出大、小），一边做相应动作。家长引导宝宝尝试说儿歌，并模仿教师做动作。

   师：“大狮子，大狮子，大大大（双臂、双脚张开到最大）。小老鼠，小老鼠，小小小（双手的大拇指和食指相对，模仿小老鼠嘴巴）。大狮子大（双臂、双脚张开到最大），小老鼠小（双手的大拇指和食指相对，模仿小老鼠嘴巴）。大、大（双臂、双脚张开到最大），小、小（双手的大拇指和食指相对，模仿小老鼠嘴巴），我知道（双手拍自己胸口处）。”
6. 教师分发给每个家庭一个小筐，家长与宝宝进行指认游戏。家长每次拿出两个物品，让宝宝指认大小，并说出“这个是大的，这个是小的”。
7. 活动结束，家长引导宝宝将小筐送到教师指定的地方。

给家长的话

大和小的概念对于宝宝来说是抽象的。用生活中常见的动物或肢体语言来让他们理解大小的概念，宝宝会很感兴趣。宝宝会说儿歌后，可把大狮子、小老鼠换成其他的小动物。

给教师的建议

在活动中，教师说儿歌前出示手偶，大狮子可以用手偶，小老鼠可以用指偶，用明显的对比帮助宝宝理解大和小的不同。教师示范儿歌时大、小的语气和动作要夸张，反差大一些，这样才能吸引宝宝的注意力，鼓励他们表演。

休息时间：播放轻音乐

幼儿喝水、如厕，教师面向集体分享育儿方法

或与个别家长做沟通反馈。

第二部分

运动时光　钻山洞

活动目标

1. 提高钻、爬的能力。
2. 发展身体的协调性。

活动准备

实物：软垫八块，阳光隧道两个，圆形门四个，步行运动组合中的软梯和下坡组件。

活动过程

1. 热身活动。

教师带领家长与宝宝站成一个大圆圈，边说儿歌边进行热身游戏。

师：“大象大象粗粗腿（双手十指交叉左右摇摆，五指并拢做搓腿

动作)，小老鼠小老鼠小脚丫(双手食指并在一起放在嘴巴前做小老鼠嘴巴的动作，然后左手叉腰，向右前方伸出右脚，右手食指指小脚丫)，大象大象长鼻子(双手五指扣在一起，弯腰左右摇摆，然后手举起做喷水状)，小老鼠小老鼠尖嘴巴(双手食指并在一起放在嘴边，双脚踮起脚尖做小碎步，然后脚停止，双手食指并在一起向前点两下)，大象大象咚咚咚(做大象甩长鼻子的动作，同时双脚交替走)，小老鼠小老鼠吱吱吱(双手食指并在一起放在嘴边，双脚踮起脚尖做小碎步，然后脚停止，双手食指并在一起向前点两下)。”

2. 热身活动结束后，教师请家长带领宝宝坐到教室一侧休息。教师用四块长方形软垫连接成两条直线形道路。在一条路上放两个圆形门、一个阳光隧道；在另一条路上放两个圆形门、一个阳光隧道，再加一个软梯和下坡道。
3. 教师请宝宝尝试用钻、爬的方式通过这两条道路，并提示家长在旁边用语言鼓励。

   师：“当宝宝爬进阳光隧道后，家长要迅速来到隧道口，趴在地上，让隧道里的宝宝看到您的眼睛，鼓励宝宝往外爬。”
4. 教师在场地中巡回观察，指导家长用正确的方式与宝宝互动。
5. 教师根据宝宝参与活动的情况，适时结束游戏，收起教具，并请家长和宝宝坐在原地休息。

给家长的话

此类活动的目的，一方面是让宝宝练习钻、爬的动作技巧，另一方面是让宝宝在密闭的空间里(阳光隧道)感受压迫感。家长在活动中应该鼓励宝宝大胆地进行钻、爬活动，促进宝宝身体技能的发展。

给教师的建议

本次活动增加了让宝宝感受密闭空间的项目，以后的活动中类似的教具会逐渐增加。因此宝宝在初次感受时，教师要密切关注宝宝的情绪状态。如果宝宝出现抵触情绪，教师不用勉强，可以让宝宝在旁边看一会儿再继续游戏；同时要提醒家长不断对宝宝进行语言鼓励。

舒缓放松 不倒翁

活动准备

实物：玩具娃娃一个，软垫每位家长一个。

活动过程

1. 教师盘腿坐在软垫上，面向家长与宝宝。宝宝坐在家长的怀里，家长坐在软垫上。
2. 教师示范游戏玩法：一边按摩娃娃的肩膀一边说儿歌，身体有节奏地摇动。说到“东歪歪，西歪歪”时，双手扶住娃娃腋下，身体大幅度分别向左右倾斜；说到最后一句“摇来摇去摇不倒”时，两手扶住娃娃腋下，身体快速向后躺下去，然后再坐起来。

   师：“不倒翁，翁不倒，怀里坐着小孩子。东歪歪，西歪歪，摇来摇去摇不倒。”
3. 家长模仿教师的动作，一边学说儿歌一边进行游戏。

15

第十五周

第十五周课程预览

课程结构	活动流程	活动名称	时长
第一部分	趣味热身	竹兜欢乐跳	5 分钟
	相识问好	好朋友在哪里	5 分钟
	亲子游戏	从头动到脚	5 分钟
		波浪舞	10 分钟
	休　　息		10 分钟
第二部分	运动时光	平衡游戏 3	20 分钟
	舒缓放松	不倒翁	5 分钟

第一部分

趣味热身　竹兜欢乐跳

活动过程

教师引导幼儿到指定场地，站成一个圆圈，跟随音乐模仿教师的动作。

推荐音乐：《竹兜欢乐跳》。

动作示范

1. 前奏和间奏时，随音乐有节奏地拍手。
2. 听到“嘿，小脚”时，双手高举跳一下，然后双手放下指小脚。
3. 听到“我们踏踏小脚”时，跟随音乐有节奏地踏步。
4. 听到“嘿，膝盖，我们拍拍膝盖”时，同上，指膝盖，然后双手拍膝盖四下。
5. 听到“嘿，屁股，我们扭扭屁股”时，同上，指屁股，然后扭动屁股，左右各两下。
6. 听到“嘿，肩膀，我们抖抖肩膀”时，同上，指肩膀，然后上下抖动肩膀。
7. 听到“和竹兜一起踏踏脚”时，做踏步动作。
8. 听到“和悠悠一起拍拍手”时，做拍手动作。
9. 听到“和球球一起扭一扭”时，做扭屁股动作。
10. 听到“转起来”时，身体原地转动一圈，同时双手握拳快速转动。
11. 听到“啦啦啦……”时，随音乐有节奏地拍手，身体可随之左右晃动。

相识问好　好朋友在哪里

活动目标

1. 能够认真倾听。
2. 愿意参与点名游戏。

活动准备

实物：能发声的不倒翁玩偶一个。

活动过程

1. 教师一边出示不倒翁玩偶，一边说儿歌："咕咕虎左右摇，摇得肚子咕咕叫，好朋友需要你，叫到名字来这里……"
2. 教师轻轻摇动咕咕虎玩偶后，喊一个宝宝的名字，然后请宝宝走到咕咕虎玩偶前摇动一下，并尝试说出"我是×××"，或在集体面前挥手问好。用相同方法，邀请所有宝宝轮流上前问好。

亲子游戏 1　从头动到脚

活动目标

1. 能模仿图画书中动物的招牌动作，并学说"这个我会"。
2. 喜欢阅读，并尝试大胆表达。

活动准备

1. 实物：图画书《从头动到脚》一本（大开本）。
2. 推荐音乐：《拍手踏脚》。

活动过程

1. 教师请家长带宝宝调整位置，让宝宝坐在家长的怀中，围坐在教师的前面。

   师："今天我带来了好看的图画书与宝宝们分享，请家长带宝宝调整位置。我们一起来阅读图画书《从头动到脚》，请家长引导宝宝安静倾听。”

2. 教师引导家长和宝宝一起回顾图画书内容，讲述图画书中的故事，并模仿图画书中动物的动作。教师每模仿完一个动作后，问宝宝：“你会吗？”家长引导宝宝大声回应教师：“这个我会。”然后家长与宝宝一起模仿教师的动作。

师：“故事讲完了，你还记得里面都有什么动物吗？你能模仿它们的动作吗？我是企鹅，我会转头，你会吗？”

3. 教师请家长和宝宝与教师分散站立，围成一个圆圈。教师引导宝宝和家长发散思维，尝试模仿其他常见动物的动作。家长引导宝宝一边做动作，一边说：“我是×××，我会……，你会吗？”其他宝宝和家长一起模仿表演家庭的动作，并大声回应：“这个我会。”直至所有家庭表演完，游戏结束。

师：“宝宝们都很能干，图画书里动物的动作都会做。你们还会其他小动物的动作吗？我是青蛙，我会蹲跳，你们会吗？”

4. 教师组织家长与宝宝简单重复模仿过的动作，如拍手、踏脚、耸肩、捶胸等。教师播放音乐《拍手踏脚》，家长引导宝宝跟随音乐及教师提示模仿教师做动作。听到“拍手拍手踏踏脚”时，根据歌词拍手两次，踏脚两次；具体动作为：“眼睛、鼻子、嘴巴、耳朵”时，双手指相应部位；每个间奏时，有节奏地重复一个动作，如耸肩、捶胸、踢腿等。

5. 活动自然结束。

给家长的话

这本书是用拼贴画构成的，非常独特。游戏过程中宝宝可以模仿不同动物的“招牌动作”。家长借助形象有趣的动作配合语言“我会……，你会吗？”和“这个我会。”来鼓励宝宝进行模仿。通过一次次大声地重复，宝宝不但可以建立自信心，而且可以在玩乐中培养模仿能力。

给教师的建议

一岁半至两岁的宝宝基本能够听明白一些复杂的连环指令。教师可以借助故事情节和动作让宝宝学说一些简单的句子。有些宝宝在表述时出现语法错误，这是很正常的现象。此外教师设计课程活动时要给宝宝和家长留有充分互动的时间，要尽可能引导家长用夸张生动的动作和富有韵律的语言吸引宝宝学说和模仿，充分满足宝宝肢体运动和语言表达的需求。

亲子游戏 2 波浪舞

活动目标

1. 能跟随音乐模仿教师的动作。
2. 感受波浪舞的欢快。

活动准备

1. 实物：腕铃每人一对。
2. 推荐音乐：《波浪舞》（奥尔夫音乐）。

活动过程

1. 教师发出海浪的声音，引导家长伸直双腿，让宝宝面对家长坐在家长腿上，仿佛宝宝坐小船。

   师："宝宝们，听，海浪的声音。我们一起去海边坐小船、看海浪吧。"

2. 教师播放音乐《波浪舞》后，一边清唱歌曲，一边做动作。家长模仿教师有节奏地上下晃动双腿，并与宝宝手牵手做摇晃动作。
3. 教师播放音乐《波浪舞》，家长引导宝宝模仿教师跟随音乐有节奏地拍腿、晃动身体（两个动作交换进行）。
4. 教师出示乐器腕铃，并分发给每人一对腕铃。家长帮助宝宝将腕铃戴在手腕上，并摇动腕铃。
5. 教师播放音乐《波浪舞》。家长引导宝宝跟随音乐有节奏地摇晃、拍手、拍腿等，用腕铃为歌曲伴奏。

6. 活动结束，教师清唱“小乐器回家了”，请宝宝将乐器腕铃送到教师指定的地方。

给家长的话

宝宝在母亲体内时，母亲心脏跳动的声音就会使宝宝对节奏有感知。三岁以前的宝宝对乐器比较感兴趣。家长要给宝宝提供自由演奏的环境。在多次跟着音乐敲击后，他们的节奏逐渐能与音乐保持一致。

给教师的建议

教师在选择乐曲时，最好选择节奏感比较鲜明的，这样宝宝更容易参与，使宝宝的听力得到很好的训练。

休息时间：播放轻音乐

幼儿喝水、如厕，教师面向集体分享育儿方法

或与个别家长做沟通反馈。

第二部分

运动时光　平衡游戏3

活动目标

1. 练习窄道行走和攀爬的动作。
2. 发展身体的平衡协调能力。

活动准备

1. 实物：二分之一摇滚圈两个，过河石十二个。
2. 推荐音乐：《库企企》。

活动过程

1. 热身活动。

教师、家长与宝宝站成一个大圆圈。在教师的带领下，家长与宝宝跟随《库企企》的音乐节奏按逆时针方向慢跑。当听到“库、库、库企企”时，家长迅速托住宝宝的腋下，将他抱起，左右摇晃。当“库、库、库企企”的声音结束时，家长将宝宝放下，继续按逆时针方向慢跑，直至音乐完全结束为止。

2. 热身活动结束后，教师请家长带领宝宝坐到教室一侧休息。教师将二分之一摇滚圈摆放到场地中。
3. 教师引导宝宝从摇滚圈上面爬过，并提示家长在旁边进行保护。

师：“家长在保护宝宝攀爬时，可以站在宝宝旁边，双手在两侧护住宝宝，但是不要接触他，当宝宝掌控不好身体平衡时再快速扶住。”

教师鼓励宝宝反复攀爬摇滚圈。

4. 教师将二分之一摇滚圈侧面放倒在地上，将其当作独木桥，鼓励宝宝从上面通过，并提示家长在旁边保护，同时不断用语言鼓励宝宝。
5. 教师将过河石摆放在场地中，引导宝宝从上面走过，并提示家长在旁边进行适当的保护。

   师："宝宝们快来走一走这条由过河石组成的小路，走的时候一定小心，不要掉到河里哟！"
6. 教师将所有教具组合成一条长长的道路，鼓励宝宝依次通过，并提示家长在旁边保护。
7. 教师根据宝宝参与活动的情况，适时结束游戏，收起教具，并请家长和宝宝坐在原地休息。

给家长的话

本次活动出现的教具较多，但是目标都是锻炼宝宝的平衡能力与身体协调性。平衡类活动是体育活动中的大项目，教具多，玩法多，但是因为教具有一定的高度，所以存在一定的危险性。这就需要家长在宝宝玩游戏时时刻关注，并在旁边保护。

给教师的建议

平衡类的活动都具有一定的危险性，因此教师在活动中要格外关注宝宝的动作，避免发生危险。教师在组织活动时要善于提示家长保护宝宝，让家长成为课程真正的参与者与协助者。这样才能高效地完成课程任务。

舒缓放松　不倒翁

活动准备

实物：玩具娃娃一个，软垫每位家长一个。

活动过程

1. 教师盘腿坐在软垫上，面向家长与宝宝。宝宝坐在家长的怀里，家长坐在软垫上。
2. 教师示范游戏玩法：一边按摩娃娃的肩膀一边说儿歌，身体有节奏地摇动。说到“东歪歪，西歪歪”时，双手扶住娃娃腋下，身体大幅度分别向左右倾斜；说到最后一句“摇来摇去摇不倒”时，两手扶住娃娃腋下，身体快速向后躺下去，然后再坐起来。

   师：“不倒翁，翁不倒，怀里坐着小孩子。东歪歪，西歪歪，摇来摇去摇不倒。”
3. 家长模仿教师的动作，一边学说儿歌一边进行游戏。

第十六周

第十六周课程预览

课程结构	活动流程	活动名称	时　长
第一部分	趣味热身	竹兜欢乐跳	5 分钟
	相识问好	好朋友在哪里	5 分钟
	亲子游戏	摸一摸、猜一猜	5 分钟
		小鸭小鸡	10 分钟
休　息			10 分钟
第二部分	运动时光	平衡游戏 4	20 分钟
	舒缓放松	不倒翁	5 分钟

第一部分

趣味热身　竹兜欢乐跳

活动过程

教师引导幼儿到指定场地，站成一个圆圈，跟随音乐模仿教师的动作。

推荐音乐：《竹兜欢乐跳》。

动作示范

1. 前奏和间奏时，跟随音乐有节奏地拍手。
2. 听到“嘿，小脚”时，双手高举跳一下，然后双手放下指小脚。
3. 听到“我们踏踏小脚”时，跟随音乐有节奏地踏步。
4. 听到“嘿，膝盖，我们拍拍膝盖”时，同上，指膝盖，然后双手拍膝盖四下。
5. 听到“嘿，屁股，我们扭扭屁股”时，同上，指屁股，然后扭动屁股，左右各两下。
6. 听到“嘿，肩膀，我们抖抖肩膀”时，同上，指肩膀，然后上下抖动肩膀。
7. 听到“和竹兜一起踏踏脚”时，做踏步动作。
8. 听到“和悠悠一起拍拍手”时，做拍手动作。
9. 听到“和球球一起扭一扭”时，做扭屁股动作。
10. 听到“转起来”时，身体原地转动一圈，同时双手握拳快速转动。
11. 听到“啦啦啦……”时，随音乐有节奏地拍手，身体可随之左右晃动。

相识问好　好朋友在哪里

活动目标

1. 能够认真倾听。
2. 愿意参与点名游戏。

活动准备

实物：能发声的不倒翁玩偶一个。

活动过程

1. 教师一边出示不倒翁玩偶，一边说儿歌：“咕咕虎左右摇，摇得肚子咕咕叫，好朋友需要你，叫到名字来这里……”
2. 教师轻轻摇动咕咕虎玩偶后，喊一个宝宝的名字，然后请宝宝走到咕咕虎玩偶前摇动一下，并尝试说出“我是×××”，或在集体面前挥手问好。用相同方法，邀请所有宝宝轮流上前问好。

亲子游戏1　摸一摸、猜一猜

活动目标

1. 能说出神秘袋内物品的名称。
2. 在游戏中提升记忆力。

活动准备

实物：神秘袋每人一个，袋中放有四种小玩具或常见的生活物品。

活动过程

1. 教师出示神秘袋，并将神秘袋中的物品一一取出，摆放整齐，请宝宝看一看，说一说它们是什么。

   师：“今天我带来了一个神秘袋，里面都有什么呢？我们一起来看看。”

2. 教师随意拿起一个玩具放到神秘袋中，邀请任意几个宝宝依次伸手摸摸袋中的物品，并说出摸到的物品是什么。游戏可重复三至四次，直至所有宝宝都参与过。

3. 教师分发给每个家庭一个神秘袋，家长与宝宝进行摸猜游戏。家长仿照教师示范的玩法，说出袋中物品名称，然后进行摸猜游戏。如果宝宝猜对了，家长要装作很惊讶的样子问宝宝是怎么猜到的，鼓励宝宝简单说出理由。教师观察家长与宝宝互动的情况，适时给予指导。

4. 活动结束，家长引导宝宝将物品收回神秘袋，然后将神秘袋送到教师指定的地方。

给家长的话

1. 这个游戏主要是为了提升宝宝的记忆能力，宝宝只有在记忆的基础上才能通过触摸来辨别物体。有效、准确地观察是宝宝学习一切知识和技能的基础，生活中家长要有意识地培养。

2. 二至三岁的宝宝开始有独立意识，觉得什么事自己都可以做。这时家长要控制自己的指挥欲望，不要因为怕宝宝做错而阻止他、帮助他、替代他。在保障宝宝安全的前提下，家长尽可能放手让宝宝自己去做事。

给教师的建议

投放的物品应是差异性较大的常见物品。随着宝宝年龄的增长，教师投放的物品的差异性要减小。

亲子游戏2　小鸭小鸡

活动目标

1. 初步学唱歌曲，认识小鸭、小鸡的主要特征。
2. 喜欢模仿小鸭、小鸡的叫声和动作。

活动准备

1. 实物：小鸭和小鸡的仿真毛绒玩具各一个，小鸭和小鸡头饰每人一个。
2. 推荐音乐：《小鸭小鸡》。

活动过程

1. 教师播放音乐《小鸭小鸡》，请家长和宝宝欣赏歌曲，听一听歌曲里出现了什么小动物。

   师："今天我带来了一首好听的歌曲，宝宝和家长仔细听，听听歌曲里出现了什么小动物。"
2. 教师出示毛绒玩具小鸭和小鸡，并模仿小鸭和小鸡的叫声，引起宝宝的兴趣。家长引导宝宝模仿小鸭和小鸡的叫声和动作。
3. 教师一边清唱歌曲，一边做简单动作，家长引导宝宝模仿教师的动作。
4. 教师播放音乐《小鸭小鸡》，家长引导宝宝跟随音乐节奏模仿教师的动作。
5. 教师出示小鸭和小鸡的头饰，并分发给每个家庭一套头饰。家长与宝宝各戴一个头饰。
6. 教师播放音乐《小鸭小鸡》。两名教师分别戴小鸭和小鸡的头饰，进行示范表演。家长与宝宝面对面站立，跟随音乐一边唱歌，一边模仿教师的动作，进行亲子互动游戏。具体动作为：

   听到"碰在一起"时，家长与宝宝碰碰头；

   听到"嘎嘎嘎"时，两手重叠做鸭嘴状；

   听到"叽叽叽"时，两个食指相对；

   听到"好像说话"时，两手张开分别放在嘴巴两边；

   听到"又像游戏"时，家长和宝宝手拉手转圈。
7. 活动结束，家长引导宝宝将头饰送到教师指定的地方。

给家长的话

这首歌曲旋律非常简单，很适合宝宝模仿学习。家长在生活中要有意识地引导宝宝观察不同的动物，可以在家为宝宝准备多种毛绒玩具，做认识小动物的游戏或者玩扮演游戏。宝宝非常喜欢这类游戏，还可以发展语言能力。

给教师的建议

可以用小鸡和小鸭的图片代替，或者播放小鸭、小鸡叫声和走路姿势的视频。

休息时间：播放轻音乐

幼儿喝水、如厕，教师面向集体分享育儿方法
或与个别家长做沟通反馈。

第二部分

运动时光　平衡游戏4

活动目标

1. 提升平衡能力。
2. 发展身体的平衡能力和控制能力。

活动准备

实物：平衡步道八个，步行运动组合一套，波浪平衡板一组。

活动过程

1. 热身活动。

   教师、家长与宝宝站成一个大圆圈。在教师的带领下，家长与宝宝跟随《库企企》的音乐节奏按逆时针方向慢跑。当听到“库、库、库企企”时，家长迅速托住宝宝的腋下，将他抱起，左右摇晃；当“库、库、库企企”的声音结束时，家长将宝宝放下，继续按逆时针方向慢跑，直至音乐完全结束为止。

2. 热身活动结束后，教师请家长带领宝宝坐到教室一侧休息。教师用平衡步道、步行运动组合、波浪平衡板布置成三条道路。
3. 教师请宝宝选择任意一条道路进行尝试，并提醒家长在旁边保护与鼓励。教师在场地中巡回观察、指导，鼓励宝宝尝试通过每一条道路。
4. 教师根据观察宝宝参与活动的情况，适时做出调整，增强宝宝的兴趣。例如，可将平衡步道由直线形摆放改为斜线形摆放，波浪平衡板由直线形改为“之”字形。改变后教师继续鼓励宝宝尝试每一条路，并提示家长持续给予语言上的鼓励。
5. 教师根据宝宝参与活动的情况，适时结束游戏，收起教具，并请家长和宝宝坐在原地休息。

给家长的话

本次活动以平衡类的游戏为主，既锻炼了宝宝的下肢力量，又培养了宝宝自主选择的意识和有序进行游戏的好习惯。在活动中，家长的指导语非常重要，家长的有效引导可以帮助宝宝更好地建立秩序感。

给教师的建议

教师重点提示家长要尽量放手，让宝宝自己选择喜欢的路；如果要帮助，那么只提供一个手指的帮助即可。

舒缓放松　不倒翁

活动准备

实物：玩具娃娃一个，软垫每位家长一个。

活动过程

1. 教师盘腿坐在软垫上，面向家长与宝宝。宝宝坐在家长的怀里，家长坐在软垫上。
2. 教师示范游戏玩法：一边按摩娃娃的肩膀一边说儿歌，身体有节奏地摇动。说到“东歪歪，西歪歪”时，双手扶住娃娃腋下，身体大幅度分别向左右倾斜；说到最后一句“摇来摇去摇不倒”时，两手扶住娃娃腋下，身体快速向后躺下去，然后再坐起来。

   师：“不倒翁，翁不倒，怀里坐着小孩子。东歪歪，西歪歪，摇来摇去摇不倒。”
3. 家长模仿教师的动作，一边学说儿歌一边进行游戏。

17

第十七周

第十七周课程预览

课程结构	活动流程	活动名称	时长
第一部分	趣味热身	竹兜欢乐跳	5 分钟
	相识问好	好朋友在哪里	5 分钟
	亲子游戏	有趣的车轮画	15 分钟
	休息		10 分钟
第二部分	运动时光	小鸭和小鸡	20 分钟
	舒缓放松	老吊车	5 分钟

第一部分

趣味热身　竹兜欢乐跳

活动过程

教师引导幼儿到指定场地，站成一个圆圈，跟随音乐模仿教师的动作。

推荐音乐：《竹兜欢乐跳》。

动作示范

1. 前奏和间奏时，跟随音乐有节奏地拍手。
2. 听到“嘿，小脚”时，双手高举跳一下，然后双手放下指小脚。
3. 听到“我们踏踏小脚”时，跟随音乐有节奏地踏步。
4. 听到“嘿，膝盖，我们拍拍膝盖”时，同上，指膝盖，然后双手拍膝盖四下。
5. 听到“嘿，屁股，我们扭扭屁股”时，同上，指屁股，然后扭动屁股，左右各两下。
6. 听到“嘿，肩膀，我们抖抖肩膀”时，同上，指肩膀，然后上下抖动肩膀。
7. 听到“和竹兜一起踏踏脚”时，做踏步动作。
8. 听到“和悠悠一起拍拍手”时，做拍手动作。
9. 听到“和球球一起扭一扭”时，做扭屁股动作。
10. 听到“转起来”时，身体原地转动一圈，同时双手握拳快速转动。
11. 听到“啦啦啦……”时，随音乐有节奏地拍手，身体可随之左右晃动。

相识问好　好朋友在哪里

活动目标

1. 能够认真倾听。
2. 愿意参与点名游戏。

活动准备

实物：能发声的不倒翁玩偶一个。

活动过程

1. 教师一边出示不倒翁玩偶，一边说儿歌："咕咕虎左右摇，摇得肚子咕咕叫，好朋友需要你，叫到名字来这里……"
2. 教师轻轻摇动咕咕虎玩偶后，喊一个宝宝的名字，然后请宝宝走到咕咕虎玩偶前摇动一下，并尝试说出"我是×××"，或在集体面前挥手问好。用相同方法，邀请所有宝宝轮流上前问好。

亲子游戏　有趣的车轮画

活动目标

1. 尝试用车轮拓印作画。
2. 感受车轮花纹的美。

活动准备

实物：素描纸每人一张，与儿歌《车轮》相匹配的汽车模型一套，玩具小汽车每人一辆，颜料托盘及颜料（红、黄、蓝、绿、紫）每人一份，罩衣每人一件，抹布每人一块等。

活动过程

1. 教师出示各种汽车模型，并结合儿歌向宝宝介绍各种车。

师："宝宝在马路上都见过什么车呀？今天我带来了很多汽车模型，我们来看看都有什么车。"

2. 教师一边有节奏地朗诵儿歌，一边做手指动作，家长引导宝宝模仿教师做动作。

师："一个轮子的手推车（伸出一根手指，然后双手握拳在胸前转动），两个轮子的自行车（伸出两根手指，同上），三个轮子的三轮车（伸出三根手指，同上），四个轮子的小汽车（伸出四根手指，同上），五个轮子的没见过（伸出五根手指，双手摆动，表示没有），六个、七个、八个、九个、十个（用手做相应数字的手势）。啊，数不清轮子的是一列大火车（双手自胸前自下而上打开至身体两侧，然后双手握拳放在腰两侧做轮子），咔嚓、咔嚓、咔嚓、咔嚓，呜（双手握拳在身体两侧画圆圈，最后举起一只手做向下拉动的动作）。

3. 教师出示作画材料，并进行简单介绍。

师："宝宝们，你们知道小汽车可以在哪里行驶吗？小汽车行驶过后，会在地面上留下车轮印，你看到过吗？现在我的小汽车模型要在纸上行驶了，我们一起来看看它会留下什么样的车轮印吧。"

4. 教师示范作画方法，家长引导宝宝认真观看。教师将小汽车模型的车轮放在颜料盘里前后滚动两下，蘸取颜料，然后拿起小汽车模型在素描纸上前进行驶，直至车轮上没有颜料后，用抹布简单擦拭，然后蘸取其他颜色的颜料继续在素描纸上行驶。

师："小汽车在纸上行驶的时候，要向前开，尽量不要倒车，这样汽车留下的车轮印才会更清楚。"

5. 教师分发给每个宝宝一辆小汽车模型，并请家长协助宝宝穿罩衣。宝宝开始作画，家长进行指导。教师观察宝宝作画的情况和家长与宝宝互动的情况，适时给予指导。

师："在作画过程中，家长可适时引导宝宝观察车轮的轨迹，感受线条美；观察不同颜色混到一起发生的混色现象，感受颜色美。"

6. 活动结束，家长帮助宝宝写好名字和日期，脱下罩衣并洗手。

给家长的话

今天的美术活动“有趣的车轮画”主要是让宝宝体验用车轮作画，初步感受车轮的花纹美和用车轮作画的乐趣。年龄越小的宝宝，给他们提供的纸张应该越大，因为他们现在还不能很好地运用手腕进行作画，更多的是运用上臂力量来作画。通过用汽车模型作画的方式，除了让宝宝感受线条画以外，还可以让宝宝和家长知道画画不一定用笔，生活中的很多物品都可以用来进行美术创作。

给教师的建议

美术时间是放飞宝宝天性的最佳时间。宝宝对颜料的探索欲望也是非常强烈的，所以教师不能因为宝宝小就忽视美术课程。在活动中，宝宝用非常喜欢的小车来创作，有很强的兴趣。但是应提醒教师，越小的宝宝，给他们准备的材料要越大，同时也要确保工具的安全性。教师要提醒家长不要暗示宝宝玩颜料会弄脏手和衣服，要放手让宝宝去探索。

休息时间：播放轻音乐

幼儿喝水、如厕，教师面向集体分享育儿方法

或与个别家长做沟通反馈。

第二部分

运动时光　小鸭和小鸡

活动目标

1. 发展平衡能力。
2. 体验情景式游戏的乐趣。

活动准备

实物：小鸭毛绒玩具每人一个，筐两个，平衡步道四个，过河石十二个，道具小鱼和小虫若干。

活动过程

1. 热身活动。

教师带领家长与宝宝站成一个大圆圈，边说儿歌边进行热身游戏。

师："大象大象粗粗腿（双手十指交叉左右摇摆，五指并拢做搓腿动作），小老鼠小老鼠小脚丫（双手食指并在一起放在嘴巴前做小老鼠嘴巴的动作，然后左手叉腰，向右前方伸出右脚，右手食指指小脚丫），大象大象长鼻子（双手五指扣在一起，弯腰左右摇摆，然后手举起做喷水状），小老鼠小老鼠尖嘴巴（双手食指并在一起放在嘴边，双脚踮起脚尖做小碎步，然后脚停止，双手食指并在一起向前点两下），大象大象咚咚咚（做大象甩长鼻子的动作，同时双脚交替走），小老鼠小老鼠吱吱吱（双手食指并在一起放在嘴边，双脚踮起脚尖做小碎步，然后脚停止，双手食指并在一起向前点两下）。"

2. 热身活动结束后，教师请家长带领宝宝坐到教室一侧休息。教师将过河石和平衡步道分别排列成两排。

3. 教师介绍情境及玩法：宝宝从过河石上走过去，到达对岸后，捡一条小虫或一条鱼，从平衡步道上走过来，喂给小鸡或小鸭吃，将小虫或小鱼模型放到相应的筐里。
4. 教师引导宝宝依次进行游戏，并提示家长保护宝宝的安全。宝宝可反复去捡小鱼和小虫模型。
5. 待所有小鱼和小虫模型都被捡完后，游戏结束。教师收起教具，请家长和宝宝坐在原地休息。

给家长的话

本次活动的目标是锻炼宝宝的平衡能力。为增加宝宝的兴趣点，活动中增加了情境，使得宝宝可以乐此不疲地进行平衡练习。在教具的选择上，过河石具有一定的高度，因此在活动中需要家长密切关注，及时给予保护，避免危险发生。

给教师的建议

可以进行此活动的教具有很多，如高矮凳子可以替代过河石。还有很多日常生活中的物品，也可以成为有效的发展平衡能力的教具。

舒缓放松　老吊车

活动过程

1. 家长在教师的指导下进行游戏。
2. 宝宝蹲在地上，家长握住宝宝的双手，一上一下地牵拉，边拉边说儿歌。
   师："老吊车，真厉害，轻轻一抓站起来。老吊车，真厉害，轻轻一提倒过来。"
3. 宝宝躺在地毯上，家长握住宝宝的双脚，一上一下地牵拉，边拉边说儿歌。教师提示家长注意拉拽时的力度不要太大。

18

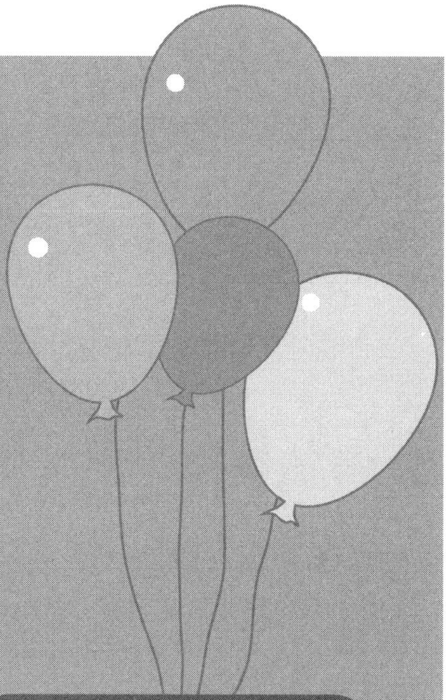

第十八周

第十八周课程预览

课程结构	活动流程	活动名称	时 长
第一部分	趣味热身	大河马	5分钟
	相识问好	Hello歌	5分钟
	亲子游戏	雪娃娃	5分钟
		雪绒花	10分钟
休 息			10分钟
第二部分	运动时光	运积木	20分钟
	舒缓放松	老吊车	5分钟

第一部分

趣味热身　大河马

活动过程

教师引导幼儿到指定场地，站成一个圆圈，跟随音乐模仿教师的动作。

推荐音乐：《大河马》。

动作示范

1. 前奏时，可在原地有节奏地拍手或做划水游泳的动作。
2. 听到“小小的眼睛，大大的嘴”时，双手做眼睛状在面前画圈，然后双臂上下开合两次，做嘴巴状。
3. 听到“圆圆的身体，短短的腿”时，双手向两侧张开做半圆状，上下动两下，然后双手拍大腿两下。
4. 听到“唱歌跳舞我不会呀”时，双手在嘴边做喇叭状，然后双手在胸前交叉摆动，表示“不会”。
5. 听到“胖胖的河马爱玩水”时，双臂在身体前面交叉再打开，做划水的动作，左右各两次。
6. 中间间奏时，可围绕场地一边慢跑，一边做划水游泳的动作。

相识问好　Hello歌

活动过程

教师清唱歌曲《Hello歌》，每次唱一个宝宝的名字，家长引导被唱到名字的宝宝向教师挥手回应“Hello”。歌词内容为：“亲爱的小朋友，你好吗？Hello！Hello！”

亲子游戏1　雪娃娃

活动目标

1. 学说儿歌并学习制作雪娃娃。
2. 感受儿歌中描述雪花的优美语言。

活动准备

实物：图画书《白色的冬天》一本，皮筋每人一个，餐巾纸每人一张，托盘每人一个，彩笔每人一根。

活动过程

1. 教师出示图画书《白色的冬天》，有感情地讲述图画书中的故事。

   师：“冬天到了，我带来了关于冬天的图画书《白色的冬天》，分享给宝宝们。”

2. 教师伸出双手，握拳后左右晃动，然后一边朗诵儿歌，一边做相应动作。家长引导宝宝模仿教师动作。儿歌可重复两到三遍。

   师：“白色的雪娃娃在天空飘呀飘（两手握拳在半空中上下摆动），飘到脚上（双手握拳放脚上），飘到腿上（双手握拳放在腿上），飘到肚子上（双手握拳放在肚子上）。雪娃娃飘得高（双手握拳举高），雪娃娃飘得低（双手握拳放在地上），雪娃娃不见了（双手握拳藏在身后）。”

3. 教师出示雪娃娃制作材料，并示范制作方法。每个宝宝上前领取一份材料，家长帮助宝宝制作雪娃娃：用皮筋将餐巾纸轻轻套在宝宝的拳头上，用彩笔在纸上画出眼睛、鼻子和嘴巴；把餐巾纸用皮筋套在左手食指上，并用彩笔画上眼睛、鼻子和嘴巴。

4. 教师带领宝宝和家长用制作好的雪娃娃表演儿歌。

5. 活动结束，家长引导宝宝将剩余材料送回到教师指定的地方。

给家长的话

下雪对宝宝来说是神奇的自然现象。如果下雪了，家长一定要抓住机会，给宝宝穿好暖和的衣物，去雪地里陪宝宝尽情地玩雪，享受大自然给予的开展亲子游戏的机会。

给教师的建议

如果找不到《白色的冬天》这本图画书，也可以分享一本其他的有冬季特点的简单的图画书。

亲子游戏2　雪绒花

活动目标

1. 感受音乐旋律的美和三拍音乐的特点。
2. 积极愉悦地参加音乐游戏。

活动准备

1. 实物：雪花片若干，彩虹伞（直径三米）一个，彩色纱巾每人一条。
2. 推荐音乐：《雪绒花》。

活动过程

1. 播放音乐《雪绒花》后，教师引导宝宝和家长跟随音乐上下舞动雪娃娃，感受乐曲的优美。

师：“优美的音乐响起来了，我们带着雪娃娃一起跳舞啦。”

2. 教师分发给每人一条彩色纱巾。家长带宝宝与教师围成圆圈。教师播放音乐《雪绒花》后，大家一起跟随音乐随意跳舞。
3. 教师出示彩虹伞，并将彩虹伞平铺在场地中间。宝宝和家长将纱巾放到彩虹伞上，然后握住彩虹伞的边缘，随着音乐《雪绒花》的节奏上下抖动彩虹伞。教师将雪花片抛撒到彩虹伞中，与宝宝和家长一起抖动彩虹伞，让宝宝观看雪花片和纱巾随音乐上下翻滚。
4. 当纱巾和雪花片全部被抛出彩虹伞后，家长引导宝宝捡起雪花片和纱巾，将其放入彩虹伞中，继续进行抖伞游戏。
5. 活动结束，教师收回彩虹伞。家长引导宝宝捡起纱巾和雪花片，并将它们送到教师指定的地方。

给家长的话

这首歌曲旋律优美，适合宝宝学习演唱和翩翩起舞。家长一定要放开自己，沉浸到音乐中，以优美的舞姿带动宝宝进行模仿。这个彩虹伞游戏也可以换成其他材料在家里进行。

给教师的建议

游戏进行到后面宝宝会特别兴奋。教师一定要在组织过程中注意观察宝宝的情绪，把握好游戏节奏。

休息时间：播放轻音乐

幼儿喝水、如厕，教师面向集体分享育儿方法

或与个别家长做沟通反馈。

第二部分

运动时光　运积木

活动目标

1. 锻炼持物走的能力。
2. 体验合作游戏的乐趣。

活动准备

1. 实物：积木柜一个，软质积木若干。
2. 推荐音乐：《小猪盖房子》。

活动过程

1. 热身活动。

教师带领家长与宝宝站成一个大圆圈，边说儿歌边进行热身游戏。

师："大象大象粗粗腿（双手十指交叉左右摇摆，五指并拢做搓腿动作），小老鼠小老鼠小脚丫（双手食指并在一起放在嘴巴前做小老鼠嘴巴的动作，然后左手叉腰，向右前方伸出右脚，右手食指指小脚丫），大象大象长鼻子（双手五指扣在一起，弯腰左右摇摆，然后手举起做喷水状），小老鼠小老鼠尖嘴巴（双手食指并在一起放在嘴边，双脚踮起脚尖做小碎步，然后脚停止，双手食指并在一起向前点两下），大象大象咚咚咚（做大象甩长鼻子的动作，同时双脚交替走），小老鼠小老鼠吱吱吱（双手食指并在一起放在嘴边，双脚踮起脚尖做小碎步，然后脚停止，双手食指并在一起向前点两下）。"

2. 热身活动结束后，教师请家长带领宝宝坐到教室一侧休息，同时介绍游戏情境与玩法。

师："宝宝们，今天我们要一起盖一所房子，现在要先把盖房子用到的'砖头'搬过去。我们一起来搬吧。"

3. 教师引导宝宝走到积木柜前，每人每次拿起一块积木，然后走到教室一侧，将积木交给等在那里的教师，在教师的帮助下搭建积木；之后再次去取积木，重复刚才的过程。在宝宝反复取积木的过程中，教师播放《小猪盖房子》音乐。
4. 当房子搭建成功后，教师与宝宝一起欣赏合作而成的作品；也可以拍照留念，增加仪式感，让宝宝感受合作游戏的成果。
5. 活动结束，教师请家长及宝宝坐在原地休息。

给家长的话

本次活动在锻炼宝宝持物走能力的过程中，还让宝宝初步体验了合作搭建游戏的乐趣，初次了解了合作的意义。对于宝宝来说，这是一次难得的社会性交往体验。

给教师的建议

本次活动在体育活动的目标中增加了社会性体验的内容，让宝宝初次体验了合作游戏的过程。因此在活动过程中，不论宝宝是完成体育目标还是完成社会性目标，教师都要给予及时鼓励。

舒缓放松　老吊车

活动过程

1. 家长在教师的指导下进行游戏。
2. 宝宝蹲在地上，家长握住宝宝的双手，一上一下地牵拉，边拉边说儿歌。

师："老吊车，真厉害，轻轻一抓站起来。老吊车，真厉害，轻轻一提倒过来。”

3. 宝宝躺在地毯上，家长握住宝宝的双脚，一上一下地牵拉，边拉边说儿歌。教师提示家长注意拉拽时的力度不要太大。

第十九周课程预览

课程结构	活动流程	活动名称	时长
第一部分	趣味热身	大河马	5 分钟
	相识问好	Hello 歌	5 分钟
	亲子游戏	大巨人和小矮人	15 分钟
	休息		10 分钟
第二部分	运动时光	小马驾驾驾	20 分钟
	舒缓放松	老吊车	5 分钟

第一部分

趣味热身　大河马

活动过程

教师引导幼儿到指定场地，站成一个圆圈，跟随音乐模仿教师的动作。

推荐音乐：《大河马》。

动作示范

1. 前奏时，可在原地有节奏地拍手或做划水游泳的动作。
2. 听到“小小的眼睛，大大的嘴”时，双手做眼睛状在面前画圈，然后双臂上下开合两次，做嘴巴状。
3. 听到“圆圆的身体，短短的腿”时，双手向两侧张开做半圆状，上下动两下，然后双手拍大腿两下。
4. 听到“唱歌跳舞我不会呀”时，双手在嘴边做喇叭状，然后双手在胸前交叉摆动，表示“不会”。
5. 听到“胖胖的河马爱玩水”时，双臂在身体前面交叉再打开，做划水的动作，左右各两次。
6. 中间间奏时，可围绕场地一边慢跑，一边做划水游泳的动作。

相识问好　Hello歌

活动过程

教师清唱歌曲《Hello歌》，每次唱一个宝宝的名字，家长引导被唱到名字的宝宝向教师挥手回应“Hello”。歌词内容为：“亲爱的小朋友，你好吗？Hello！Hello！”

亲子游戏　大巨人和小矮人

活动目标

1. 感受音乐中节奏的变化，能用肢体表现歌词。
2. 感受集体游戏的快乐。

活动准备

1. 实物：手电筒每人一个，彩虹绳一条。
2. 推荐音乐：《大巨人和小矮人》。

活动过程

1. 教师引导宝宝和家长玩吹泡泡游戏。教师双手合十，模仿吹泡泡，用力地吹。双臂逐渐张大，泡泡越吹越大。家长与宝宝模仿教师的动作。教师发出口令“泡泡变小了”，家长与宝宝模仿教师将手缩回到合十状态；教师再次发口令“泡泡变大了”，家长和宝宝将双臂打开到最大，模仿泡泡变大的样子。游戏重复几次后，教师有节奏地说“我变变变变变成大泡泡，我变变变变变成小泡泡”。家长与宝宝模仿教师的动作。
2. 教师一边清唱，一边做相应动作，即根据歌词逐渐张开双臂和收回双臂抱住自己，最后把身体藏起来。家长和宝宝模仿教师的动作。可重复两遍歌词。

   师：“今天我除了带来大泡泡和小泡泡，还请来了大巨人和小矮人，大巨人特别高大，小矮人特别矮小。”

3. 教师播放音乐《大巨人和小矮人》，家长和宝宝跟随音乐模仿教师做动作。听到“我变变变变变成大巨人”时，张开双臂；听到“我变变变变变成小矮人”时，收回双臂；听到“变大变小，变大变小”时，双臂随歌词张开和收回；空拍时，拍手两次；听到“变到不见了”时，双臂抱住自己，把头埋下。
4. 教师出示彩虹绳，邀请宝宝和家长握住彩虹绳，围成圆圈站好。教师发出口令“大巨人”时，大家往后退，将彩虹绳的圈拉到最大；教师发出“小矮人”口令时，大家迅速向中间聚拢，将彩虹绳的圈变小。教师播放音乐《大巨人和小矮人》，家长引导宝宝跟随音乐及教师提示进行彩虹绳游戏。
5. 教师出示手电筒，并给每人分发一个。助理教师缓慢关闭活动室电灯，教师打开手电筒（手电筒灯口带有五角星），将手电筒照向地面，然后调整手电筒与地面的距离，引导宝宝观察地上五角星图案的变化。家长引导宝宝探索手电筒，尝试将五角星变大或变小。
6. 教师播放音乐《大巨人和小矮人》，家长引导宝宝跟随音乐用手电筒将投射出的星星图案变大、变小和藏起来。
7. 教师请家长将手电筒上的五角星贴纸撕掉，然后请宝宝和家长调整位置，让宝宝面对墙壁坐好。家长用手电筒照向宝宝后背，并调整距离，使宝宝的影子变大变小。家长也可同宝宝互换位置，家长坐下，宝宝用手电筒照向家长，使家长的影子变化大小。
8. 活动自然结束，家长引导宝宝将手电筒送到教师指定的地方。

给家长的话

宝宝对能发光的物体非常感兴趣。《大巨人和小矮人》这首歌曲歌词简单易懂，节奏明显，语调差距也非常明显，非常适合宝宝倾听，建议家长回家后和宝宝一起玩影子游戏。

给教师的建议

在平时工作中，教师要仔细观察宝宝的兴趣点，并将其设计到课程中。本次活动的高潮就是宝宝在探索手电筒的时候能发现影子的变化。备课时教师需要熟背歌词内容，并且非常熟练音乐节奏。活动中教师需要动作夸张，表情生动。开展彩虹绳游戏时，教师要提醒家长注意宝宝的安全。

休息时间：播放轻音乐

幼儿喝水、如厕，教师面向集体分享育儿方法

或与个别家长做沟通反馈。

第二部分

运动时光　小马驾驾驾

活动目标

1. 发展连续跑的能力。
2. 体验简单规则的游戏。

活动准备

实物：呼啦圈每个宝宝一个，红灯、绿灯牌子各一个，仿真鸡蛋若干。

活动过程

1. 热身活动。

教师带领家长与宝宝站成一个大圆圈，边说儿歌边进行热身游戏。

师："大象大象粗粗腿（双手十指交叉左右摇摆，五指并拢做搓腿动作），小老鼠小老鼠小脚丫（双手食指并在一起放在嘴巴前做小老鼠嘴巴的动作，然后左手叉腰，向右前方伸出右脚，右手食指指小脚丫），大象大象长鼻子（双手五指扣在一起，弯腰左右摇摆，然后手举起做喷水状），小老鼠小老鼠尖嘴巴（双手食指并在一起放在嘴边，双脚踮起脚尖做小碎步，然后脚停止，双手食指并在一起向前点两下），大象大象咚咚咚（做大象甩长鼻子的动作，同时双脚交替走），小老鼠小老鼠吱吱吱（双手食指并在一起放在嘴边，双脚踮起脚尖做小碎步，然后脚停止，双手食指并在一起向前点两下）。"

2. 热身活动结束后，教师请家长带领宝宝坐到教室一侧休息，并发给每个宝宝一个呼啦圈。
3. 教师介绍游戏玩法：将呼啦圈套在宝宝的腋下，将其夹好，家长在宝宝身后，双手握住呼啦圈，鼓励宝宝向前跑，同时控制前进的方向、速度，并做出骑马的样子发出"驾驾驾"的声音。
4. 教师站在场地中央，出示红色路灯牌时，所有马车停下来不动；出示绿色路灯牌时，所有马车继续向前跑起来。
5. 教师如觉得宝宝兴致减弱，可以适时改变游戏玩法：将场地分成直线的A、B两点，B点放鸡蛋。宝宝从A点出发跑去B点拿一个鸡蛋后，跑回A点把鸡蛋放入筐中。此游戏可反复进行。
6. 教师根据宝宝参与活动的程度，适时结束活动，请家长和宝宝坐在原地休息。

给家长的话

本次活动重点练习跑的动作。通过套在宝宝身上的呼啦圈，家长可以调节方向和速度。在宝宝跑的过程中，家长主要起到的是辅助和保护的作用。宝宝跑的时候，家长要引导宝宝先从跑直线开始。

给教师的建议

本次活动的难点在于气氛的烘托。要让宝宝和家长都沉浸在骑马游戏的快乐中，这就需要教师富有激情地组织和调动，并及时用语言和肢体动作给予宝宝和家长鼓励，激励他们完成游戏。

舒缓放松　老吊车

活动过程

1. 家长在教师的指导下进行游戏。
2. 宝宝蹲在地上，家长握住宝宝的双手，一上一下地牵拉，边拉边说儿歌。
   师："老吊车，真厉害，轻轻一抓站起来。老吊车，真厉害，轻轻一提倒过来。"
3. 宝宝躺在地毯上，家长握住宝宝的双脚，一上一下地牵拉，边拉边说儿歌。教师提示家长注意拉拽时的力度不要太大。

20 第二十周

第二十周课程预览

课程结构	活动流程	活动名称	时　长
第一部分	趣味热身	大河马	5 分钟
	相识问好	Hello 歌	5 分钟
	亲子游戏	动物庆典	15 分钟
	休　　息		10 分钟
第二部分	运动时光	小老鼠捉尾巴	20 分钟
	舒缓放松	老吊车	5 分钟

第一部分

趣味热身 大河马

活动过程

教师引导幼儿到指定场地，站成一个圆圈，跟随音乐模仿教师的动作。

推荐音乐：《大河马》。

动作示范

1. 前奏时，可在原地有节奏地拍手或做划水游泳的动作。
2. 听到“小小的眼睛，大大的嘴”时，双手做眼睛状在面前画圈，然后双臂上下开合两次，做嘴巴状。
3. 听到“圆圆的身体，短短的腿”时，双手向两侧张开做半圆状，上下动两下，然后双手拍大腿两下。
4. 听到“唱歌跳舞我不会呀”时，双手在嘴边做喇叭状，然后双手在胸前交叉摆动，表示“不会”。
5. 听到“胖胖的河马爱玩水”时，双臂在身体前面交叉再打开，做划水的动作，左右各两次。
6. 中间间奏时，可围绕场地一边慢跑，一边做划水游泳的动作。

相识问好　Hello歌

活动过程

教师清唱歌曲《Hello歌》，每次唱一个宝宝的名字，家长引导被唱到名字的宝宝向教师挥手回应“Hello”。歌词内容为：“亲爱的小朋友，你好吗？Hello！Hello！”

亲子游戏　动物庆典

活动目标

1. 能跟随音乐一起玩藏藏找找游戏。
2. 体验亲子共同游戏的乐趣。

活动准备

1. 实物：不同动物毛绒玩具各一个（毛毛虫、长颈鹿、袋鼠），毛毛虫隧道一个，彩带飞盘每人一个。
2. 推荐音乐：《动物庆典》（奥尔夫音乐）。

活动过程

1. 教师清唱歌曲，并利用动物毛绒玩具配合毛毛虫隧道玩捉迷藏游戏，引出主题，激发宝宝参与活动的兴趣。

   师：“宝贝们，今天我们玩一个捉迷藏的游戏，你们来听听是谁藏在毛毛虫隧道里。”

   师唱：“害羞的长颈鹿呀快快出来，害羞的长颈鹿呀快快出来，害羞的长颈鹿呀快快出来和我们一起做游戏。”

2. 教师播放音乐《动物庆典》，请宝宝倾听音乐，结合音乐一起玩找动物的游戏。教师结合音乐有节奏地上下提拉、按压毛毛虫隧道。当音乐中唱道“谁和我们一起做游戏”时，教师要将藏在毛毛虫隧道里的动物露出来，这时家长要引导宝宝大声地喊出动物的名字。游戏可以反复玩两遍。

师："宝宝们，我们稍后一起来听音乐，听听看，是谁不敢出来和我们一起做游戏，我们要大声地喊出它的名字。"

3. 教师出示彩带飞盘，并给每人分发一个。教师播放音乐《动物庆典》，家长和宝宝用彩带飞盘把自己的脸遮住，跟着好听的音乐一起扭动身体，听到教师唱到动物的名字时出示动物毛绒玩具，把脸露出来，并喊出动物的名字。

师："宝宝们，今天我带来了彩带飞盘，家长和宝宝每人拿一个彩带飞盘把自己的脸遮住，我们跟着好听的音乐一起扭动身体。当听到老师唱到动物的名字时，你们就把脸露出来，看看有没有动物出来。"

4. 教师把音乐里动物的名称替换成宝宝的名字，并请被唱到名字的宝宝坐在毛毛虫里，请该宝宝的家长结合音乐旋律上下提拉毛毛虫隧道；没有被唱到名字的宝宝继续用彩带飞盘将脸藏起来，听到别人的名字时再把脸露出，看看是谁藏在了毛毛虫隧道里。

5. 活动结束，家长引导宝宝将彩带飞盘送到教师指定的地方。

给家长的话

一岁半至两岁的宝宝处在爱模仿的阶段。这首歌曲旋律欢快，歌词简单，非常适合亲子游戏。但家长要注意宝宝需要比较长的反应时间，才可以进行初步的合作游戏。家长要等待宝宝了解游戏玩法，让宝宝更深入地参与进去。

给教师的建议

1. 教师在组织本次教学活动时一定要很好地利用毛毛虫隧道，通过有节奏地提拉和按压毛毛虫隧道，将事先准备好的动物呈现在宝宝面前，这是宝宝参与活动的兴趣点之一。

2. 教师也可以借助歌曲把歌词替换成宝宝的名字，并让宝宝藏在毛毛虫隧道或彩虹伞里玩藏找游戏。宝宝非常喜欢此类游戏。

休息时间：播放轻音乐

幼儿喝水、如厕，教师面向集体分享育儿方法

或与个别家长做沟通反馈。

第二部分

运动时光　小老鼠捉尾巴

活动目标

1. 发展四散跑的能力。
2. 体验集体游戏的乐趣。

活动准备

1. 实物：自制的老鼠尾巴每人一个。
2. 推荐音乐：《高人矮人》。

活动过程

1. 热身活动。

   教师、家长与宝宝站成一个大圆圈。在教师的带领下，家长与宝宝跟随《库企企》的音乐节奏按逆时针方向慢跑。当听到“库、库、库企企”时，家长迅速托住宝宝的腋下，将他抱起，左右摇晃。当“库、库、库企企”的声音结束时，家长将宝宝放下，继续按逆时针方向慢跑，直至音乐完全结束为止。

2. 热身活动结束后，教师请家长带领宝宝坐到教室一侧休息，并进行情

境导入。

师："有一天，小老鼠过生日，想和它的好朋友玩一个好玩的游戏。怎么玩呢？"

3. 教师介绍游戏的玩法：把自制尾巴系在家长的身后，宝宝想办法抓住尾巴，如捉住了就把尾巴塞在宝宝的身体后面，家长去抓尾巴。
4. 教师发给每个家庭一个自制尾巴，游戏开始。家长和宝宝在场地中自由游戏，教师巡回观察、指导。游戏可反复进行，直到宝宝对游戏兴趣减弱，或者运动量足够为止。
5. 教师根据宝宝参与活动的程度，适时结束活动，请家长与宝宝坐在原地休息。

给家长的话

宝宝第一次玩此游戏时，家长跑的速度要慢，根据宝宝的水平适当调整跑的速度及躲闪的难度，尽可能让宝宝感受到捉住尾巴那一瞬间的乐趣。

给教师的建议

这个游戏包含丰富的教育目标和社会性交往技巧。希望教师可以多挖掘类似游戏，发挥中国民间游戏的优势，创设出更多富有教育意义的经典游戏。

舒缓放松　老吊车

活动过程

1. 家长在教师的指导下进行游戏。
2. 宝宝蹲在地上，家长握住宝宝的双手，一上一下地牵拉，边拉边说儿歌。

   师："老吊车，真厉害，轻轻一抓站起来。老吊车，真厉害，轻轻一提倒过来。"
3. 宝宝躺在地毯上，家长握住宝宝的双脚，一上一下地牵拉，边拉边说儿歌。教师提示家长注意拉拽时的力度不要太大。

大型活动课程说明

亲子中心的大型活动包括户外课程、新年活动、六一活动、毕业典礼等。与日常活动的不同之处在于，宝宝从十几个人的小团体加入更多人的大团体参加活动，这对发展宝宝的社会性及适应环境的能力具有不能替代的作用。

宝宝第一次参加户外课程时，因为室外空间开阔，他们不会表现出太多的不适应和紧张，兴趣和参与性都非常好，所以在有条件的前提下，教师可以在春秋季节天气适宜的时间尽量多地组织户外活动课程。

第一次参加新年活动或六一活动这样以表演和室内自选游戏为主的活动时，有少部分宝宝会表现出恐惧与紧张，与平时的表现差异特别大，严重的甚至会哭泣。这时候成人的引导特别重要，可以带着宝宝在熟悉的环境里到处转一转、看一看，用语言介绍一下各个游戏，找认识的教师打招呼，让宝宝慢慢放松情绪。我园每学期都会安排一至两次这样的大型活动，家长在纵向对比后会发现宝宝的进步。随着参加次数的增多，宝宝的情绪会越来越放松，能逐渐自如地选择自己想参加的活动，而且玩得非常投入。现列举两个大型活动的案例，希望能达到举一反三的效果。

案例1　亲子秋季户外活动

活动时间

××年×月×日。

集合地点

××公园×门。

活动一　草地上的亲子体育游戏

活动地点

宽阔的草地。

活动准备

1. 实物：彩虹伞一个（直径6米），海洋球一袋（可用彩色纸和废旧报纸团成的纸球代替），蓝牙音箱一个。
2. 推荐音乐：《有洞的音乐》《开课来跳舞》《库企企》《描声舞》《许多小鱼游来了》。

活动过程

1. 热身活动：教师组织家长带宝宝手拉手围成一个圆圈站好。教师播放音乐《有洞的音乐》，家长与宝宝跟随音乐及教师指令行进和停止。

   师："宝宝们，上午好！今天我们一起来到公园里做游戏，首先我们来热热身，请你跟我一起慢慢跑起来。"
2. 唱游活动：教师播放律动音乐和歌曲（《开课来跳舞》《库企企》《描声舞》《许多小鱼游来了》）。家长引导宝宝跟随音乐及教师提示一边歌唱，一边做动作。

   师："我们之前学习了好多本领，都是多才多艺的宝宝。现在我邀请宝宝和我一起唱歌跳舞啦。"
3. 彩虹伞游戏：教师出示彩虹伞，邀请家长和宝宝握住彩虹伞边缘，一起将彩虹伞展开，平铺于草地上。教师组织宝宝与家长进行彩虹伞系列游戏。

4. 彩虹伞游戏：家长与宝宝手握彩虹伞边缘，将彩虹伞围成大锅状。教师做点火、倒油的动作，然后出示海洋球，将海洋球倒入彩虹伞，并发出抖伞指令，朗诵儿歌《炒豆豆》。家长引导宝宝跟随教师指令和儿歌的节奏用力上下抖动彩虹伞，使海洋球上下跳动，直至所有海洋球掉到伞外。教师发出指令，请宝宝和家长一起捡球，放回彩虹伞中。游戏可重复两次。

5. 活动结束，家长引导宝宝捡海洋球并送到教师指定的地方。

活动二　寻找彩蛋

活动地点

有斜坡的树林里。

活动目标

1. 能独立找到彩蛋，并能平稳地上下斜坡将彩蛋运回。

2. 体验寻找的乐趣。

活动准备

实物：塑料彩蛋若干，小桶每人一个，大筐两个。

活动过程

1. 教师组织家长和宝宝转移场地，行进到斜坡树林。助理教师提前到斜坡树林，检查和清理场地中大树枝或石子等不安全的东西，然后将塑料彩蛋藏在草丛、落叶堆、树坑中。

2. 教师出示彩蛋和小桶，简单介绍游戏玩法，请宝宝到教师面前领取小桶。

师：“咕咕，咕咕，母鸡在孵蛋。咕咕，咕咕，母鸡发现它的鸡蛋宝宝不见了。现在需要宝宝们来帮忙，去斜坡下的树林里帮母鸡找鸡蛋宝宝。宝宝看，这就是我们一会儿要找的鸡蛋，它是彩色的，可能在草丛里、落叶堆里，或者树坑里。宝宝要仔细寻找。我们一起帮助母鸡妈妈，找到彩蛋后送到这里的大筐中。家长要鼓励宝宝自己去发现和寻找，并保护好宝宝的安全。”

3. 寻蛋游戏开始，家长引导宝宝到树林中寻到彩蛋，并放到自己的小桶中，然后送回到教师的大筐中。游戏可反复进行。教师要站在场地四周关注宝宝的安全，并做好防护措施。
4. 活动结束，家长引导宝宝将小桶和彩蛋送到教师指定的地方。

活动三 观察小鱼、芦苇、树叶，欣赏秋天的景色

活动地点

下沉廊道。

活动目标

感受秋天里大自然的特征。

活动过程

1. 教师组织家长和宝宝行进到下沉廊道。在路途中，家长引导宝宝观察树叶的颜色等。
2. 到达下沉廊道后，教师简单介绍场地和玩法。家长引导宝宝观察小鱼，喂小鱼食物，观察芦苇和树叶的颜色。教师关注宝宝安全，并做好防护措施。

   师："这里是下沉廊道，廊道两侧的玻璃可以让我们清晰地看到水中的小鱼，家长可带宝宝一起近距离观察小鱼。"
3. 活动结束，家长引导宝宝收整垃圾，将垃圾投到垃圾桶，保持环境整洁。

活动四 亲子游戏"吹泡泡"

活动地点

空场草地。

活动准备

1. 实物：泡泡玩具每人一个。
2. 推荐音乐：《吹泡泡》。

活动过程

1. 家长、宝宝与教师手拉手围成一个大圆圈，跟随教师的指令，进行吹泡泡游戏。教师说“吹、吹、吹泡泡，吹了一个大泡泡”，家长和宝宝一边大口吹气，一边慢慢后退，将圆圈变到最大；教师发出指令“泡泡变小了”，家长与宝宝快速向中间聚拢。教师发指令的速度可慢慢加快，游戏可反复进行。

   师：“我们一起来玩吹泡泡游戏，请宝宝和我一起用力吹。”

2. 教师出示泡泡玩具，一边移动，一边吹泡泡。家长带领宝宝追泡泡、捉泡泡。

3. 教师分发给每人一个泡泡玩具。家长与宝宝互动吹泡泡；可以家长吹，宝宝捉泡泡；也可让宝宝尝试吹泡泡，家长协助。

   师：“现在宝宝和家长一起吹泡泡啦。家长在游戏过程中不要对着宝宝的脸吹，以防泡泡水进入宝宝的眼睛、嘴巴。”

4. 活动结束，家长协助宝宝收整泡泡玩具，并用湿巾帮助宝宝擦手。

活动五 《再见歌》

活动准备

推荐音乐：《再见歌》。

活动过程

教师组织家长和宝宝围成圆圈分散站立，播放音乐《再见歌》后，家长与宝宝一同唱歌和做动作。

给家长的话

亲爱的家长朋友们，为了让宝宝们感受秋天的季节特征，多晒太阳，提高远足能力，我们设计并组织了本次户外亲子活动。请家长自行前往，按时集合。活动过程中请跟随教师统一行动，尽量不掉队；鼓励宝宝自己走路锻炼，尽量不抱宝宝或者携带小推车。为了让宝宝能够顺利参加活动，家长要准备以下物品：鱼食、水壶、食物、湿纸巾、备用衣服等。必要时给宝宝穿上尿不湿。祝大家玩得开心！

给教师的建议

户外课程要在季节特征明显、天气暖和的时候进行。对于选择的场地要提前踩点，根据所选公园的环境特点设计相应的活动。一定要考虑宝宝的年龄、参与性、与家长的互动等因素。教师要提前看好天气预报，选择有阳光、气温适宜、无风或者微风的天气。若当天早上突发不理想天气，教师一定及时通过电话、微信群等方式通知家长转成室内活动。

案例 2　新年活动

活动主题

大手牵小手，快乐迎新年。

开场环节

教师组织家长带领宝宝与教师围圈站好。

师："宝宝们、家长朋友们，大家好！再过几天我们就要迎来新的一年了。回首这半年，我们一起度过了很多美好快乐的时光，我们这个快乐大家庭的队伍也在逐渐壮大。这里有刚参加了几次活动的新朋友，也有从7个月大时就来到这里参加活动的老朋友。宝宝们在老师和家长的共同努力与呵护下健康快乐地成长着。与第一次参加活动相比，每个宝宝都有了很大的进步，如能礼貌地问好，积极参加集体活动，动作逐渐灵活、协调，能专注地操作玩教具，建立了初步的秩序感等。爸爸妈妈和老师们也一直在感受着宝宝的这些变化，真为你们高兴。宝宝们看，今天俱乐部是不是和往常不一样？有什么变化呀？今天我们要在喜气洋洋的氛围里，与爸爸、妈妈和老师们一起迎新年。新年活动现在开始！"

我们的新年活动主题是"大手牵小手，快乐迎新年"。

让我们一起喊响口号："大手牵小手，（家长、宝宝齐）快乐迎新年。"

活动一　唱游活动

活动准备

1. 实物：红绸每位家长一对，彩带每个宝宝一对，舞龙舞狮道具一套。
2. 推荐音乐：《欢乐中国年》《身体音阶歌》《小老鼠上灯台》《大河马》《拍手踏脚》《我们大家做得好》（也可选择其他本学期学过的歌曲和律动）。

活动过程

1. 活动开始前，家长和宝宝入场。助理教师分发给每位家长一对红绸，每个宝宝一对彩带。教师播放音乐《欢乐中国年》，家长与教师一起跟随音乐节奏扭秧歌，甩动红绸；宝宝跟随音乐摆动彩带；助理教师在场地中间进行舞龙舞狮表演，让宝宝感受新年的热闹气氛。

   师："新年活动就要热热闹闹，让我们跟着音乐一起扭起来吧。"

2. 家长和宝宝将红绸和彩带送到教师指定的地方，然后与教师围成圆圈站好。教师组织并带领家长和宝宝跟随音乐一边唱歌，一边做动作。

   师："让我们围成圆圈，听着熟悉的音乐一起唱起来、跳起来吧！"

活动二　亲子游戏

教师引导家长带宝宝在场地一侧坐下，然后介绍游戏玩法，并组织亲子游戏。

游戏1　贴"福"字

游戏准备

1. 实物：写有"福"字的撒金纸若干（纸背后贴有双面胶）。
2. 推荐音乐：不同风格的音乐。

游戏玩法

宝宝与家长站在场地一侧，教师将小"福"字纸片放于场地另一侧的地面上。教师随意播放一首音乐，家长与宝宝一起跳舞。音乐停止，家长要带宝宝迅速跑到场地另一侧，从地上捡"福"字纸片，然后揭开双面胶，把"福"字纸片贴在宝宝身上；教师再次随意播放一首音乐，家长听到音乐声后停止贴"福"字，继续与宝宝随音乐跳舞，如此反复。到最后，大家一起来数数谁的"福"气最多。

游戏2　合作运球

游戏准备

1. 实物：西瓜球若干（可用其他类似大小的球代替），小筐五个，大筐一个。
2. 背景音乐。

游戏玩法

游戏可分轮进行，每轮五组，每组两个家庭。每组家长面对面抱着宝宝，然后使两个宝宝背靠背夹住球，站在起点做好准备。教师喊“开始”后，家长和宝宝要快速把球运到终点对应的小筐中。过程中如果球掉落，家长捡起球在原处继续游戏。规定时间内看哪两个家庭运得多。

游戏3　仰卧捞鱼

游戏准备

1. 实物：无纺布小鱼若干，运动垫十个，小桶十个。
2. 背景音乐。

游戏玩法

游戏分组进行，每组十个家庭。教师提前将十个运动垫的一头围成圆圈，圆圈中散放无纺布小鱼。教师给每个家庭分发一个小桶，请家长头朝圆圈仰躺在运动垫上，宝宝坐在家长的腿上。教师喊“开始”后，家长伸出双手抓握一个无纺布小鱼，然后做仰卧起坐，将手中的小鱼传递给宝宝，宝宝再将小鱼放回自己的小桶中。看看在规定时间（一分钟）内哪组家庭捞到的鱼最多。

休息时间

教师在此环节进行场地布置，将下一个环节用的物品准备好。

活动三　游艺项目

该项活动由教师按照不同项目进行分工指导。主持人介绍区域游戏项目后，家长可带宝宝自由选择活动内容。

游戏项目包括

1. 小舞台（准备话筒、话筒架、木偶剧台）；
2. 面具涂鸦（准备红、黄、蓝、白四种颜料，颜料盘，画笔，面具，抹布等）；
3. 食品制作——冰糖葫芦（准备电磁炉、冰糖、山楂、香蕉、砂糖橘、签子、勺子、小盘子等）；
4. 食品制作——棉花糖（准备棉花糖机、白糖、签子、小勺等）；

5. 装饰唐装纸袋（准备相关材料包）；
6. 福春挂饰制作（准备相关材料包）；
7. 装饰灯笼（准备相关材料包）；
8. 套圈（准备塑料圆圈、各种小玩具）。

活动四　集体过生日

活动准备

1. 实物：太阳模型一个，小地球仪每人一个。
2. 推荐音乐：《拉个圆圈走走》《生日歌》。

活动过程

1. 家长、宝宝与教师手拉手围成圆圈站好，跟随音乐逆时针转圈走，听到“站好”“蹲下”等指令时停下做相应动作。
2. 教师出示地球仪和太阳模型，并给每个宝宝分发一个地球仪。一名教师手举太阳模型站在场地中间，宝宝手捧地球仪，围着太阳走一圈，代表是一年。

   师：“每过一个新年，人就会长大一岁。过完这个新年，宝宝们就要长大一岁了。长大意味着我们要再长高一些，意味着能学会更多的本领，这是宝宝们特别盼望的。现在我们一起来做一件特别有意义的事情——集体过生日，举行一个长大仪式。让我们的爸爸妈妈、爷爷奶奶、姥姥姥爷见证我们长大一岁的激动时刻吧！在这里，我代表全体老师祝愿宝宝们在新的一年里健康成长，快乐生活。”

活动五　分发礼物与集体合影留念

活动准备

1. 实物：精美礼物（如精装拼图）每人一份。
2. 推荐音乐：《幸福拍手歌》。

活动过程

1. 教师出示并介绍礼物，分发给宝宝一人一份。

师："这是老师精心为宝宝挑选的礼物——精装拼图。家长可引导宝宝拼图，培养宝宝的手眼协调能力和专注力；也可带着宝宝根据情境讲故事，发展宝宝的语言表达能力。在这里我代表全体教师祝大家新年快乐，万事如意！"

2. 教师组织家长和宝宝调整位置，集体合影留念。

师："快乐的时光总是那么短暂，新年活动到此结束。我们一起来照张全家福，记录下这幸福时刻。"

3. 活动结束。

给家长的话

亲爱的家长们，新的一年即将来到，亲子中心将在×月×日开展新年亲子游艺活动。活动主要包括集体唱游、亲子游戏、自选游艺项目、过生日、合影留念几个环节。为了让宝宝更好地感受新年的喜庆和热闹，建议您提前为宝宝准备有特色的新年服，活动当天按时到场，根据教师提前下发的活动安排，在相应的时间和指定地点参加活动，并鼓励宝宝尝试参与不同的活动。当天活动时间相对较长，请您为宝宝备好水壶、备用衣服等，必要时请为宝宝穿上纸尿裤。预祝您和宝宝新年快乐，万事如意！

给教师的建议

1. 可建议家长和宝宝身穿节日盛装出席新年活动，增强迎接新年的仪式感。

2. 关于活动的选择与设计：唱游活动内容可根据本学期学过的歌曲律动等内容自由选择组合。游戏和自由游艺项目的设计与选择一定要突出亲子互动与参与，难度要适合宝宝的水平。

3. 自由游艺环节要充分利用场地分区摆放，家长和宝宝可以任意选择一项活动，教师要在过程中注意引导初次参加大型活动的家长和宝宝。